AF210360

Inhaltsverzeichnis

Vorwort

Lieber Leser!

Dies ist der vierte Band aus der Reihe „NLP-Formate",

in dem ich weitere 15 Formate zum Selbstcoaching für Dich im täglichen Alltagsleben vorstelle.

Diese sind als Fortsetzung von Band 1 - Band 3 von 46 bis 60 durchnummeriert. Am Ende eines jeden Formates ist ein Mindmap angehängt. Damit kannst Du Dich meditativ vorwärmen, bevor Du die Strategie im Detail programmierst. Später reicht dann ein Betrachten des Mindmaps zur Reaktivierung. Die Nomenklatur des NLP-Modells, das ich im ersten Band ausführlich dargestellt habe, findest Du in Kurzform im Anhang1. Die Schlagworte für die bisher vorgestellten Formate sind im Anhang2 aufgezählt.

• ***Weiterhin viel Spaß und Erfolg beim Selbstcoaching!***

© 2025 Hans Weinberger
Verlag: BoD · Books on Demand GmbH, In de Tarpen 42,
22848 Norderstedt, bod@bod.de
Druck: Libri Plureos GmbH, Friedensallee 273,
22763 Hamburg
ISBN: 978-3-7693-7779-8

Format46: Aktivierung einer Strategie, um Rapport herzustellen

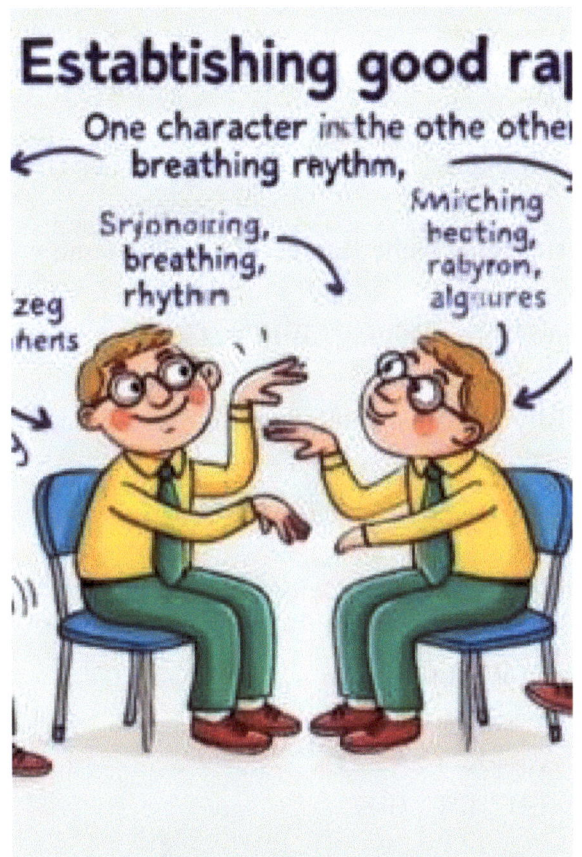

1. **Auspacken der (-)-Strategie:**
   Wenn Du mit Deinem Gesprächspartner keinen Rapport hast, liegt häufig die folgende Struktur vor:
   $A^e_d/V^e \Leftrightarrow K_- \Leftrightarrow A^i_d \Leftrightarrow K^e$
   (1)　　(2)　(3)　(4)
   (1) Gespräch

(2) Unwohlsein

    (3) „Ich will weg!"

(4) Anspannung

2. **Design der (+)-Strategie**

    Hier kommt es darauf an, seinen Gegenüber möglichst genau zu pacen/spiegeln **(Modell Dr. Kassis)**:

1. **Denkstrukturen:** Wie sieht das Modell der Welt meines Gegenübers aus?.
2. **Repräsentationssysteme:** Welche Repräsentationssysteme bevorzugt er?
3. **Körper:** Wie ist seine Körperhaltung? Welche Gestiken macht er? Gestikuliert er überhaupt?
4. **Atmung:** Welchen Rhythmus hat seine Atmung? Ist sie flach, tief, schnell, langsam?
5. **Stimme:** Wie ist die Lautstärke, die Schnelligkeit des Sprechens, die Stimmlage?
6. **Stimmung:** Wie ist die Gefühlslage Deines Gegenübers?
7. **Inhalt:** Was genau will er Dir sagen?
8. **Sprache:** Wie ist seine Wortwahl?
9. Die Strategie hat folgende Gestalt:

    $A^e_d/V^e \Leftrightarrow V^{er} \Leftrightarrow K^e \Leftrightarrow A^i_d \Leftrightarrow K_{+-} \Leftrightarrow A^e_d$

    (1)   (2)   (3)   (4) (5) (6)

    (1) Gespräch

    (2) Bild von Modell-Muster

    (3) Pacen/Spiegeln

        (4) „Hab ich Rapport?"

    (5) Gefühlsmässiges Einschwingen

    (6) Fragen/Paraphrasieren

3. **Installation der (+)-Strategie:**
   Muster des Dr. Kassis-Modells nacheinander durchgehen! Strategie üben!

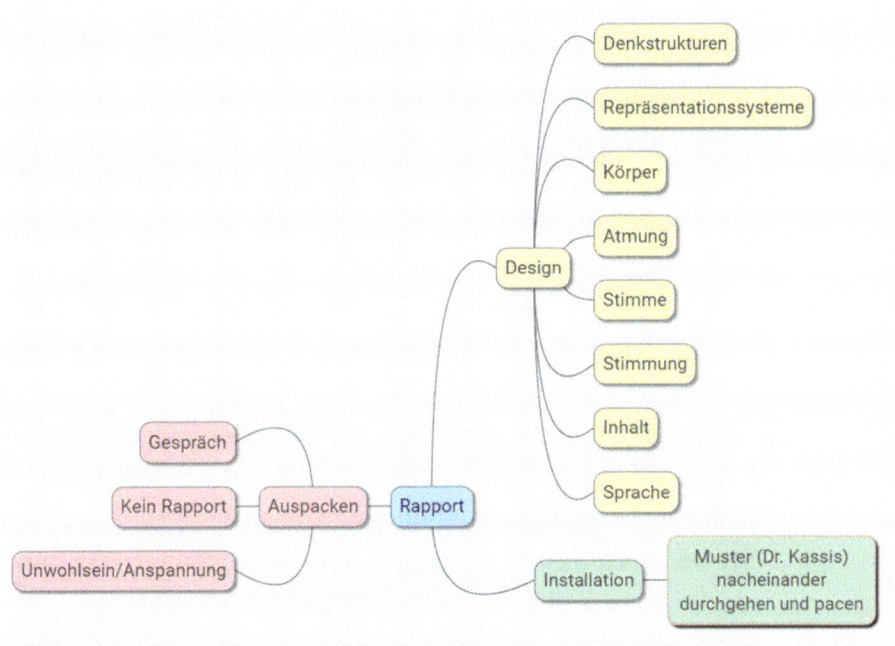

- **Fallbeispiel**

Lisa ist eine erfahrene Verhandlungsexpertin und trifft sich mit einem neuen Geschäftspartner, Herrn Müller, um über eine mögliche Kooperation zu sprechen. Sie möchte von Anfang an eine starke Verbindung zu ihm aufbauen und entscheidet sich, das Modell Dr. Cassis anzuwenden, um guten Rapport herzustellen.
Lisa achtet darauf, wie Herr Müller seine Gedanken organisiert. Während des Gesprächs bemerkt sie, dass er sehr logisch und analy-

tisch vorgeht. Er spricht in klaren, strukturierten Sätzen und bezieht sich häufig auf Daten und Fakten.

Lisa passt sich an, indem sie ebenfalls eine strukturierte und logische Argumentationsweise verwendet. Sie bezieht sich auf Zahlen, Daten und greifbare Beispiele, um ihre Punkte zu untermauern.

Herr Müller verwendet viele visuelle Begriffe wie „sehen", „bilden" und „klar vor Augen". Dies deutet darauf hin, dass sein primäres Repräsentationssystem visuell ist.

Lisa verwendet ebenfalls visuelle Begriffe in ihrer Sprache, wie „sehen Sie das Bild", „vor Augen führen" und „klare Sichtweise". Sie bringt außerdem Diagramme und Grafiken mit, um ihre Argumente zu unterstützen.

Lisa beobachtet, dass Herr Müller eine aufrechte Körperhaltung einnimmt, seine Hände ruhig auf dem Tisch liegen und er wenig gestikuliert.

Sie spiegelt seine Körperhaltung, sitzt ebenfalls aufrecht, hält ihre Hände ruhig und reduziert ihre Gestik auf ein Minimum, um seine Ruhe und Ernsthaftigkeit widerzuspiegeln.

Sie bemerkt, dass Herr Müller ruhig und gleichmäßig atmet, was darauf hindeutet, dass er entspannt und fokussiert ist.

Lisa synchronisiert unauffällig ihre Atmung mit der von Herrn Müller, um auf derselben Wellenlänge zu sein und eine tiefe, ruhige Verbindung aufzubauen.

Herr Müllers Stimme ist ruhig, in mittlerer Lautstärke und hat eine tiefe Stimmlage. Er spricht in einem gleichmäßigen Tempo.

Lisa passt ihre Stimme an: Sie spricht ebenfalls in mittlerer Lautstärke, senkt ihre Stimmlage ein wenig und hält ein gleichmäßiges Tempo, um auf derselben Frequenz wie Herr Müller zu kommunizieren.

Herr Müller scheint ruhig und sachlich, aber dennoch offen für ein positives Gespräch zu sein. Seine Gefühlslage wirkt kontrolliert und professionell.

Lisa bewahrt ebenfalls eine professionelle und sachliche Haltung, bleibt aber offen und freundlich. Sie lächelt, wenn es angebracht ist, und wahrt eine positive Grundstimmung.

Inhaltlich betont Herr Müller die Wichtigkeit von langfristigen Zielen und einer klaren Strategie für die Kooperation. Er interessiert sich für konkrete, messbare Ergebnisse.

Lisa spricht ebenfalls über langfristige Visionen und stellt konkrete, messbare Ziele für die Zusammenarbeit in den Vordergrund. Sie präsentiert klare Pläne und erklärt, wie beide Seiten langfristig profitieren können.

Lisa bemerkt, dass Herr Müller eine formelle Sprache verwendet und auf Floskeln verzichtet. Seine Wortwahl ist präzise und technisch orientiert.

Lisa passt ihre Sprache an, verwendet ebenfalls formelle, präzise Ausdrücke und verzichtet auf umgangssprachliche Wendungen oder unnötige Ausschmückungen.

Format47: Aktivierung einer Strategie, mit der einem neue schwierige Dinge auf Anhieb gelingen

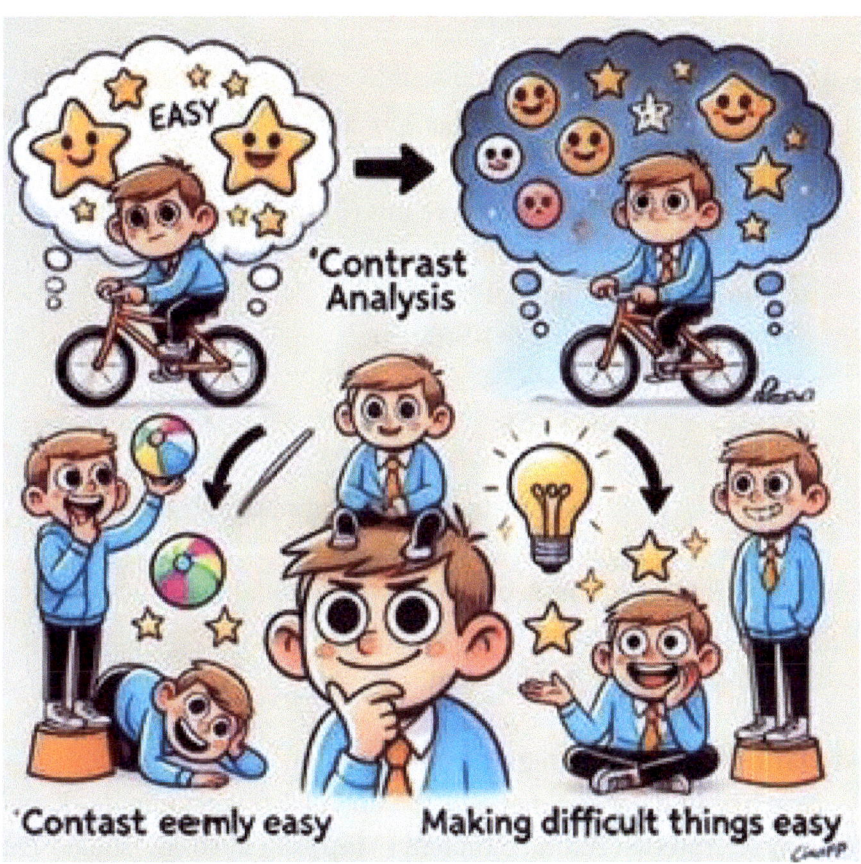

1. **Auspacken der (-)-Strategie:**
   Hast Du Angst oder bist Du unsicher, wenn Du eine Sache zum ersten Mal machst, dann verwendest Du wahrscheinlich die folgende Strategie:

   $V^e \rightarrow A^i_d \Leftrightarrow V^k \Leftrightarrow K_- \rightarrow K^e$

   (1) (2)   (3)   (4) (5)

   (1) Neue Aktivität

(2) „Hab ich noch nie gemacht!"
(3) Unscharfes Bild der Ausführung
(4) Angst/Unsicherheit
(5) Unsichere Ausführung

2. **Design der (+)-Strategie:**
    1.   Erinnere Dich an etwas, das Dir auf Anhieb und mit Leichtigkeit gelungen ist.
    2.   Stelle durch **Kontrastanalyse** mit (3) fest, inwiefern die beiden Handlungen unterschiedlich repräsentiert sind und ermittel die Treiber-Submodalitäten.
    3.   Daraus ergibt sich als (+)-Strategie:
    $$V^e \rightarrow A^i_d \Leftrightarrow V^k \Leftrightarrow K_+ \rightarrow K^e$$
    (1)   (2)   (3)   (4) (5)
    (1) Neue Aktivität
              (2) „I am an absolute beginner and I am absolutly safe !"
    (3)   Bild mit den in 2. ermittelten Submodalitäten
    (4) Freudige Neugier
    (5) Unbefangene Ausführung

3. **Installation der (+)-Strategie:**
    Durchlaufe die einzelnen Schritte und übertrage die in der Kontrastanalyse eruierten Submodalitäten **(Mapping across)**, sodass Du Dir die neue Handlung in der Repräsentation der bereits mit Anfängerglück durchgeführten Handlung vorstellst und diese auf die gleiche Art erleben kannst.

12

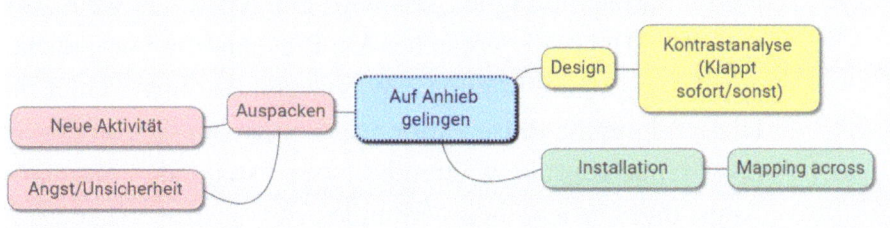

- **Fallbeispiel**

Anna hat gerade ihren ersten Job nach dem Studium bekommen und
wurde gebeten, eine Präsentation vor dem gesamten Team zu halten.
Obwohl sie fachlich gut vorbereitet ist, fühlt sie sich unsicher und
hat Angst davor, vor so vielen Menschen zu sprechen. Um ihre
Angst zu überwinden und sicher aufzutreten, entscheidet sie sich, die
"Auf-Anhieb-Gelingen"-Technik anzuwenden.
Anna erinnert sich an eine Situation aus ihrer Studienzeit: Sie
musste damals kurzfristig einspringen und vor ihrer Seminargruppe
ein Thema präsentieren. Obwohl sie wenig Vorbereitungszeit hatte,
gelang ihr die Präsentation auf Anhieb mit Leichtigkeit. Sie fühlte
sich selbstbewusst, ruhig und klar in ihren Gedanken. Die Kommilitonen und der Professor waren beeindruckt, und sie erhielt viel Lob.
Anna analysiert nun die Unterschiede zwischen der anstehenden
Präsentation im neuen Job und der erfolgreichen Präsentation im
Studium. Sie betrachtet die Situation in Bezug auf verschiedene
Submodalitäten wie innere Bilder, Töne, Gefühle und Überzeugungen:
 Bei der erfolgreichen Präsentation sah sie sich selbst im Kopf klar
und ruhig vor den Kommilitonen stehen, während sie sich bei der
anstehenden Präsentation unsicher und nervös sieht, mit der Vorstel-
lung, dass etwas schiefgehen könnte.

Bei der erfolgreichen Präsentation hatte sie eine unterstützende innere Stimme, die sagte: „Das wird gut gehen. Du weißt, wovon du sprichst." Bei der bevorstehenden Präsentation hört sie eher eine zweifelnde innere Stimme: „Was, wenn du einen Fehler machst?" Die erfolgreiche Präsentation war von einem Gefühl der Sicherheit und Freude geprägt, während die bevorstehende Präsentation mit Angst und Unsicherheit verbunden ist.

Bei der erfolgreichen Präsentation war Anna überzeugt, dass sie gut vorbereitet ist und das Thema beherrscht. Jetzt zweifelt sie an ihrer Fähigkeit, vor einer neuen, größeren Gruppe von Menschen zu bestehen.

Anna stellt fest, dass die entscheidenden Unterschiede in den inneren Bildern und der inneren Stimme liegen:

Das klare, ruhige Bild von sich selbst in der erfolgreichen Situation und die unterstützende innere Stimme, die ihr Selbstvertrauen gibt. Anna beginnt, die Submodalitäten der erfolgreichen Präsentation auf die bevorstehende zu übertragen:

Sie stellt sich vor, wie sie ruhig und souverän vor ihrem neuen Team steht, ähnlich wie damals vor ihren Kommilitonen. Sie visualisiert den Raum, die Menschen und sich selbst als ruhig und fokussiert.

Sie ersetzt die zweifelnde innere Stimme mit der unterstützenden Stimme aus der erfolgreichen Situation: „Du bist gut vorbereitet. Du kannst das schaffen. Es wird gut gehen."

Sie erinnert sich an das Gefühl der Sicherheit und Freude, das sie während der erfolgreichen Präsentation empfand, und verstärkt dieses Gefühl, indem sie tief durchatmet und es in den bevorstehenden Moment projiziert.

Format48: Aktivierung einer Strategie gegen Grübeln

1. **Auspacken der (-)-Strategie:**
   Grübelst Du zu viel, dann liegt oft eine ähnliche Struktur wie die folgende vor (Zwei-Punkte-Kreisprozess):

   $A^i_d \Leftrightarrow_p K_-$

   (1)   (2)

   (1) Möglichkeiten werden sich verbal vorgetragen
   (2) Polaritätsgefühl

2. **Design der (+)-Strategie:**

$$V^e \Leftrightarrow A^i_d \Leftrightarrow V^i \Leftrightarrow K+-$$

(1)   (2)   (3)   (4)

(1) Blick auf Uhr

(2) Zeit für Nachdenken/Entscheidungsfindung festlegen

(3) Klares Bild von Optionen

(4) Falls Zeit um Exit

3. **Installation der (+)-Strategie:**

Erfolgt durch Einüben und starke Submodalitäten in (3)

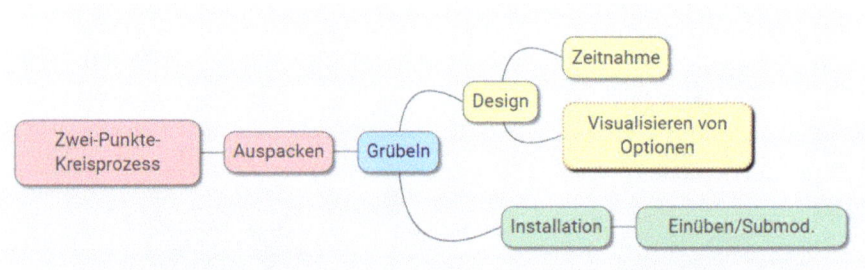

• **Fallbeispiel**

Tom hat ein Jobangebot von einem neuen Unternehmen erhalten, ist sich aber unsicher, ob er seinen aktuellen, sicheren Job verlassen soll. Seit Tagen grübelt er darüber nach, was die richtige Entscheidung wäre. Er findet sich immer wieder in einem inneren Dialog gefangen, in dem er die Vor- und Nachteile beider Optionen abwägt, aber zu keiner klaren Entscheidung kommt. Das Grübeln führt dazu, dass er sich gestresst und unruhig fühltTom erkennt, dass er in einem Kreislauf aus innerem Dialog und dem ständigen Wechsel zwischen den Gefühlen für und gegen die Entscheidung gefangen ist. Er

16

merkt, dass er zwischen zwei Polen hin- und hergerissen ist: dem Gefühl der Sicherheit im aktuellen Job und der Aufregung über die neue Herausforderung.

Tom beschließt, die NLP-Technik gegen Grübeln anzuwenden. Er nimmt sich vor, dieses Problem gezielt anzugehen. Er schaut auf die Uhr und setzt sich eine klare Zeitspanne fürs Nachdenken und die Entscheidungsfindung – zum Beispiel 30 Minuten. Er sagt sich: „Ich werde 30 Minuten darüber nachdenken, dann treffe ich eine Entscheidung oder höre auf, weiter darüber nachzudenken."

Tom beginnt nun, sich ein klares Bild von den beiden Optionen zu machen:
 Er bleibt in seinem aktuellen Job. Er visualisiert sich selbst in seinem Büro, in seiner gewohnten Umgebung, mit den bekannten Aufgaben und dem Gefühl von Sicherheit.

 Er nimmt den neuen Job an. Er stellt sich vor, wie er in das neue Unternehmen geht, neue Kollegen kennenlernt, neue Herausforderungen annimmt und das Gefühl der Aufregung und des Wachstums erlebt.

Er achtet darauf, diese Bilder mit starken Submodalitäten zu versehen: klare, farbige Bilder, die Emotionen, die mit den jeweiligen Optionen verbunden sind, und die inneren Stimmen, die ihn entweder zur Sicherheit oder zur Herausforderung drängen.

Während der 30 Minuten erlaubt sich Tom, alle Aspekte der Entscheidung zu durchdenken, aber er erinnert sich ständig daran, dass die Zeit begrenzt ist. Er betrachtet die Vor- und Nachteile beider Optionen, aber immer mit dem Bewusstsein, dass er danach aufhören wird, weiter darüber nachzudenken.

Nachdem die 30 Minuten um sind, schaut Tom erneut auf die Uhr. Wenn er zu diesem Zeitpunkt eine Entscheidung getroffen hat, geht er mit dieser Entscheidung weiter. Falls er sich noch unsicher ist, beendet er das Nachdenken bewusst und sagt sich: „Ich habe genug darüber nachgedacht. Jetzt ist es Zeit, aufzuhören." Er lenkt seine Aufmerksamkeit aktiv auf etwas anderes – zum Beispiel geht er spazieren, liest ein Buch oder trifft sich mit Freunden.

Format49: Aktivierung einer Strategie zur Vermittlung zwischen konfliktären Teilen

1. **Auspacken der (-)-Strategie:**
   Ein Konflikt hat die folgende Struktur:
   $[VAKOG]_1^{i,e} \Leftrightarrow_p [VAKOG]_2^{i,e} \Leftrightarrow K_-$
   Zwei Strategien (Teile) kämpfen um die Primärkontrolle. (p steht dabei für Polaritätsreaktion.)

2. **Design der (+)-Strategie:**

- Frage den Teil, der unterbrochen wurde (Teil 1): „Was ist deine positive Funktion? Welcher Teil oder welche Teile unterbrechen dich?(Teil 2)"
- Stelle Teil 2 die gleichen Fragen.
- Wenn sich die beiden Teile manchmal gegenseitig unterbrechen, kannst Du eine Vereinbarung aushandeln. Falls nicht, ist dieses Format nicht geeignet. (Nehme dann Format17 aus Band2.)

3. **Installation der (+)-Strategie:**

Frage Teil 2, ob seine Funktion wichtig genug ist, dass er bereit wäre, Teil 1 nicht zu unterbrechen, wenn er als Gegenleistung ebenfalls nicht unterbrochen wird. Frage Teil 1, ob er bereit ist, Teil 2 nicht zu unterbrechen, wenn Teil 2 ihn seinerseits nicht unterbricht. Frage jeden Teil, ob er tatsächlich einwilligt, das Obengenannte für einen spezifischen Zeitraum zu tun:

$[VAKOG]_1{}^{i,e} \Leftrightarrow [VAKOG]_2{}^{i,e} \Leftrightarrow K_+$

Gibt es noch andere Teile, die diese Unterbrechung benutzen, müssen diese in die Verhandlung mit eingebunden werden.

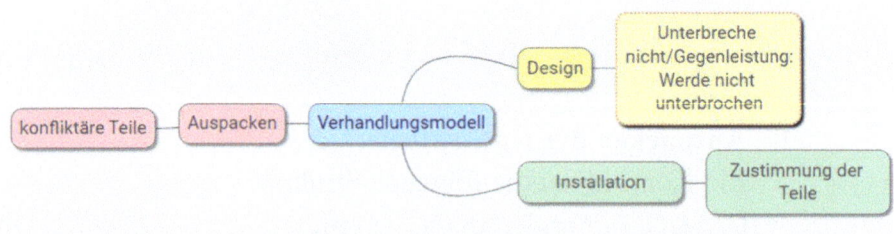

- **Fallbeispiel**

Sarah hat Schwierigkeiten, eine wichtige berufliche Entscheidung zu treffen. Sie schwankt zwischen dem Wunsch, mehr Verantwortung in ihrem Job zu übernehmen, und dem Bedürfnis, ihre Work-Life-Balance zu wahren. Diese beiden inneren Teile scheinen in einem ständigen Konflikt zu stehen, was dazu führt, dass sie sich blockiert fühlt und keine klaren Schritte unternimmt.

Sarah setzt sich hin und beginnt, die beiden inneren Teile zu identifizieren:

Der „Karriere-Teil" möchte, dass Sarah mehr Verantwortung übernimmt, ihre Karriere vorantreibt und neue berufliche Herausforderungen annimmt. Dieser Teil ist bestrebt, dass sie erfolgreich ist und Anerkennung für ihre Arbeit erhält.

Der „Balance-Teil" sorgt dafür, dass Sarah genügend Zeit für sich selbst, ihre Familie und Freunde hat. Dieser Teil ist darauf bedacht, dass sie nicht überarbeitet wird und ihre Gesundheit und ihr Wohlbefinden nicht vernachlässigt.

Sarah fragt: „Was ist deine positive Funktion?"

Karriere-Teil antwortet: „Meine Aufgabe ist es, dafür zu sorgen, dass du beruflich erfolgreich bist, Anerkennung bekommst und deine Ziele erreichst. Ich möchte, dass du dein volles Potenzial ausschöpfst."

Sarah fragt: „Welcher Teil oder welche Teile unterbrechen dich?"

Karriere-Teil antwortet: „Der Balance-Teil unterbricht mich ständig, weil er Angst hat, dass du zu viel arbeitest und deine Gesundheit leidet."

Sarah fragt: „Was ist deine positive Funktion?"

Balance-Teil antwortet: „Meine Aufgabe ist es, dein Wohlbefinden zu schützen, dafür zu sorgen, dass du genug Ruhe und Zeit für dich selbst hast. Ich möchte, dass du ein erfülltes Leben führst, ohne dich zu überlasten."

Sarah fragt: „Welcher Teil oder welche Teile unterbrechen dich?"

Balance-Teil antwortet: „Der Karriere-Teil unterbricht mich immer wieder, weil er dich antreiben will, mehr zu arbeiten und dich zu neuen Herausforderungen zu drängen."

Sarah sieht, dass die beiden Teile einander ständig in ihren Funktionen behindern. Nun startet sie die Verhandlung:

Sarah fragt den Karriere-Teil: „Ist deine Funktion wichtig genug, dass du bereit bist, den Balance-Teil nicht zu unterbrechen, wenn er verspricht, dich auch nicht zu unterbrechen?"

Karriere-Teil antwortet: „Ja, ich verstehe, dass du auch ausgeruht und gesund sein musst, um erfolgreich zu sein. Ich bin bereit, den Balance-Teil nicht zu unterbrechen, wenn er mich auch nicht behindert."

Sarah fragt den Balance-Teil: „Bist du bereit, den Karriere-Teil nicht zu unterbrechen, wenn er verspricht, dich ebenfalls nicht zu unterbrechen?"

Balance-Teil antwortet:„Ja, ich bin einverstanden, solange ich sicherstellen kann, dass du genug Pausen machst und dich nicht überarbeitest."

Sarah verhandelt mit beiden Teilen, dass sie sich für die nächste Woche an diese Abmachung halten. Der Karriere-Teil wird sich auf die Arbeitszeiten konzentrieren und Sarah motivieren, während ihrer Arbeitszeit produktiv zu sein. Der Balance-Teil sorgt dafür, dass sie ihre Pausen einhält und nach Feierabend vollständig abschaltet.

Sarah fragt beide Teile: „Seid ihr beide damit einverstanden, dies für eine Woche auszuprobieren?"

Beide Teile stimmen zu.

Format50: Aktivierung einer Strategie, um Übergewicht abzubauen

1. **Auspacken der (-)-Strategie:**

    Angenommen es liegt folgende Ess- Strategie vor:

    $$V^e \quad \rightarrow \quad K^i \Leftrightarrow K^e \Leftrightarrow A^i_d$$

    (1) (2) (3) (4)

    (1): Essen sehen

    (2): Impuls zu essen

(3): Essensakt

(4): Kritische Stimme

2. Design der (+)-Strategie:

In dem hervorragenden Buch „Strukturen subjektiver Erfahrung – ihre Erforschung und Veränderung durch NLP" von Robert Dilts, Richard Bandler, John Grinder u.a. wird für eine übergewichtige Frau mit obiger Problemstrategie die folgende Strategie entworfen:

$$K^e \rightarrow V^e/A^i_d \rightarrow V^k/K_+ \rightarrow K^e/V^e/K^i \rightarrow A^i_d/V^e/V^k \rightarrow K\pm$$

(1)   (2)   (3)   (4)   (5)   (6)

$$\rightarrow V^k/K_+/K^e$$

(7)

(1) Essensakt

(2) Test genug? „Ich habe viel gegessen, *und* wenn ich jetzt mit dem Essen aufhöre, dann kann ich schlanker werden." (Verbal-Anker für (3))

(3) Wunschbild + gutes Gefühl (starke Submod. !)

(4) Separator/ Spiegeltest/Gefühl des in sich Ruhens

(5) Kommentar/Vergleich akt. Zustand/Wunschbild

(6) Entscheidungspunkt (mehr essen zu (1), genug weiter zu (7))

(7) Bild aufgeräumte Küche/gutes Gefühl/Ausführung

Der Autor benutzt die folgende Strategie, um sein Gewicht zu halten:

$$V^e/O^e \rightarrow G^i/V^I/K^i \Leftrightarrow A^i_d \rightarrow K^e \rightarrow K^e/K^i \rightarrow K_{+-} \rightarrow A^i_d/V^i$$
(1)　　　(2)　　(3) (4)　(5)　(6)　(7)

$$\rightarrow K_{+-} \rightarrow K^e$$
　(8)　　(9)

(1) Essen sehen/riechen

(2) Vorstellung, es zu essen

(3) Kommentar

(4) Gefühl im Magen

(5) Vergleich mit Gefühl bei Vorstellung

　　(6) Entscheidungspunkt (+ weiter, – Exit)

(7) Zulässig? Bild letzter Waagen Check

(8) Entscheidungspunkt (+ weiter,-Exit)

(9) Essen

Wenn ich zum Beispiel am Bahnhof stehe und rieche den Geruch eines frischen gebackenen Bagettes, stelle ich mir vor, wie ich es esse und wie sich dadurch mein Gefühl im Magen verändern würde.
Fühlt sich das gut an und war meine letzter Gewichtscheck im zulässigen Bereich, kaufe ich mir ein Bagette und verzehre es genüßlich.

Eine weitere (+)-Strategie findest Du in Format7.

3. **Installation der (+)-Strategie:**
   Schritte wiederholen, bis die neue Strategie sitzt. (Die gesetzten Anker auslösen und Submodalitäten aufdrehen.)

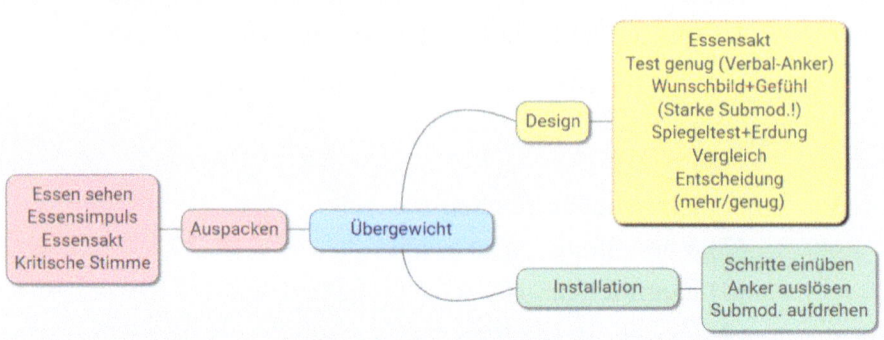

- **Fallbeispiel**

Person: Anna ist eine 38-jährige Frau, die seit Jahren mit Überge-
wicht kämpft. Sie hat eine lange Geschichte von Diäten und fühlt
sich oft frustriert, weil sie trotz ihrer Bemühungen immer wieder
rückfällig wird. Sie stellt fest, dass sie besonders abends nach einem
anstrengenden Tag Schwierigkeiten hat, das Essen zu kontrollieren.
Der typische Ablauf ist folgender:

1. Impuls: Wenn Anna Essen sieht oder sich an das Essen erinnert,
bekommt sie sofort das Verlangen zu essen.
2. Essakt: Sie isst, und oft endet es damit, dass sie über ihre Sät-
tigungsgrenze hinaus weiter isst.
3. Kritische Stimme: Nach dem Essen hört sie eine innere, kritische
Stimme, die ihr vorwirft, zu viel gegessen zu haben und dass sie
ihren Gewichtsverlust so nicht erreichen kann. Dies führt häufig zu
Schamgefühlen und Frustration, was den Teufelskreis oft wieder an-
treibt.

Um diesen Kreislauf zu durchbrechen, wurde mit Anna eine NLP-
Strategie entwickelt, die ihre Erfahrung beim Essen neu strukturiert:

NLP-Strategie zur Veränderung

1. Nach dem Essakt: Verbalanker setzen

Sobald Anna isst und merkt, dass sie gesättigt ist, setzt sie sich aktiv einen verbalen Anker. Sie sagt sich innerlich: „Ich habe jetzt genug gegessen, und wenn ich jetzt aufhöre, kann ich meinem Ziel näherkommen, schlanker zu werden." Diese positive Bestätigung ist wie eine kleine Belohnung für sie und erinnert sie daran, dass sie die Kontrolle über ihr Essverhalten hat.

2. Wunschbild erzeugen mit positiven Submodalitäten

Nachdem Anna diesen Satz gesprochen hat, stellt sie sich sofort ein Wunschbild von sich selbst vor: Sie sieht sich in einer Version, in der sie sich fit, leicht und energiegeladen fühlt. Das Bild ist klar und lebendig; sie stellt sich vor, wie sie sich in ihrem Lieblingskleid wohlfühlt und wie gut sie aussieht. Mit dieser Visualisierung verbindet sie ein gutes Gefühl und stellt sich starke, positive Submodalitäten vor (helle, farbenfrohe Bilder, ein Gefühl von Leichtigkeit und Zufriedenheit).

3. Spiegeltest und In-sich-Ruhen

Danach führt Anna eine innere Übung durch, die sie als „Spiegeltest" bezeichnet. Sie stellt sich vor, wie sie in einen Spiegel schaut und sich selbst ansieht – ruhig, sicher und in sich ruhend. Sie fragt sich, ob dieser Zustand, in dem sie sich gerade befindet, mit ihrem Wunschbild übereinstimmt. Wenn sie merkt, dass sie mit ihrem Wunschbild in Einklang ist, fühlt sie sich gestärkt und zufrieden. Falls nicht, entscheidet sie bewusst, ob sie noch mehr essen möchte oder bereits genug hat.

4. Bild der aufgeräumten Küche

Zum Abschluss stellt sich Anna ein Bild der aufgeräumten Küche vor. Sie sieht, wie der Tisch leer ist, das Geschirr sauber in den Schränken verstaut ist, und sie fühlt sich damit ruhig und zufrieden. Dieses Bild verstärkt das Gefühl des Abschlusses und signalisiert ihr, dass die Mahlzeit zu Ende ist und dass sie sich wohl fühlt, ohne mehr zu essen.

Ergebnis

Mit dieser Strategie gewinnt Anna mehr Kontrolle über ihr Essverhalten. Der Verbalanker und das Wunschbild motivieren sie, die Kontrolle zu behalten und das positive Bild ihrer Zukunft fest im Blick zu behalten. Der Spiegeltest und das Bild der aufgeräumten Küche geben ihr das Gefühl von Abschluss und Zufriedenheit. Anna berichtet nach einigen Wochen, dass sie das Bedürfnis nach übermäßigem Essen seltener verspürt und das Gefühl hat, ihre Essensentscheidungen bewusster treffen zu können.

Zusammenfassung:

Diese Strategie hilft Anna, ihre Entscheidung zu reflektieren und das Bedürfnis nach Überessen aktiv zu hinterfragen, bevor sie unbewusst zu viel isst. Sie ist motivierter und fühlt sich in ihrem Weg zum Abnehmen unterstützt.

Format51: Aktivierung einer Strategie, um die Bedeutung der Dinge in einem anderen Licht erscheinen zu lassen

1. **Auspacken der (-)-Strategie:**

   Dieses Format ist ein Kommunikationsformat und eignet sich hervorragend als Ergänzung zu Format31. Da es sich um eine nützliche, wahrscheinlich neu zu lernende Strategie handelt, gibt es hier nichts auszupacken. Das Format ist im NLP unter **„Sleight of mouth"** bekannt. Dabei handelt es sich um 14 Sprachmuster, die innerhalb der

Kommunikation eingesetzt werden können. Sie eignen sich insbesondere im Einsatz bei Ursache-Wirkung-Verknüpfungen und komplexe Äquivalenzen. Als Fallbeispiel sei hier der Glaubenssatz „Ich habe kein Geld, daher bin ich ein Loser" betrachtet.

2. **Design der (+)-Strategie**
    1. **Intention** (Positive Absicht): Man findet die positive Absicht hinter einem Glaubenssatz.

        Bsp.: „Du hattest andere Schwerpunkte gesetzt."
    2. **Redefine** (Umdefinition): Man ersetzt mindestens ein Wort des Glaubenssatzes durch ein anderes, das etwas Ähnliches bedeutet, aber eine positive Implikation hat.

        Bsp.: „Loser kannst Du auch mit Geld sein."
    3. **Consequence** (Konsequenz): Man übertreibt die positive oder negative Konsequenz oder verallgemeinert sie.

        Bsp.: „Dann kannst Du auch kein Geld verlieren."
    4. **Chunk Down** (Spezifizieren): Man hinterfragt die Verknüpfung innerhalb des Glaubenssatzes.

        Bsp.: „Wieviel Geld brauchst Du, um kein Loser zu sein?"
    5. **Chung Up** (Verallgemeinern): Man verallgemeinert einen Teil des Glaubenssatzes.

        Bsp.: „Du bist ein wertvoller Mensch – Geld ist nicht wichtig."
    6. **Counter Example** (Gegenbeispiel): Man fragt nach Gegenbeispielen und zeigt Ausnahmen auf.

        Bsp.: „Mutter Teresa war weiß Gott kein Loser und hatte kein eigenes Geld."
    7. **Analogie** (Metapher): Man präsentiert eine ähnliche Beziehung aus einem anderen Zusammenhang.

Bsp.: „Ist ein Baum im Winter ohne Blätter schlecht?"

8. **Apply to self** (Selbstanwendung): Man wendet den Glaubenssatz auf den Glaubenssatz an.

   Bsp.: „Ich wäre nicht Dein Freund, falls Du ein Loser wärest."

9. **Another Outcome** (Anderes Ziel): Man formuliert ein relevanteres Ziel als das, was der Glaubenssatz aussagt.

   Bsp.: „Dir geht es nicht um Geld, sondern um Anerkennung / Liebe."

10. **Hierachy of Criteria** (Kriterienhierachie): Man beurteilt die Aussage des Glaubenssatzes im Licht eines wichtigeren Wertes.

    Bsp.: „Hauptsache Du bist gesund."

11. **Change Frame Size** (Anderer Kontext): Man beurteilt die Aussage des Glaubenssatzes im Kontext eines anderen Zeitrahmens oder einer anderen Perspektive.

    Bsp.: „Du bist reich im Vergleich zur Weltbevölkerung."

12. **Meta Frame** (Andere Wahrnehmungsposition): Man beurteilt den Glaubenssatz und dessen Richtigkeit aus dem persönlichen Kontext heraus.

    Bsp.: „Du kannst nur nicht mit Geld umgehen."

13. **Model of the World** (Modell der Welt): Man bewertet die Aussage des Glaubensssatzes aus einem anderen Welt- oder Kulturmodell heraus.

    Bsp.: „In meinem Modell der Welt sind Materialisten armselig."

14. **Reality Strategy** (Realitätsstrategie): Man hinterfragt die Herkunft des Glaubenssatzes und bezweifelt die Quelle.

    Bsp.: „Woher weißt Du, dass kein Geld haben,

Loser zu sein bedeutet?"

Die Strategie hat folgende Gestalt:
$$A^e_d \rightarrow V^{er} \rightarrow K_{+-} \rightarrow V^k \Leftrightarrow A^i_d \rightarrow A^i_d \rightarrow K_{+-} \rightarrow A^e_d$$
(1)　　(2)　　(3)　　(4)　　(5)　　(6)　　(7)　　(8)

(1) Hören der Aussage
(2) Bild von Sleight of mouth-Sprachmuster
(3) Entscheidungspunkt (bekannt (6)/nicht bekannt weiter)
(4) Innere Repräsentation basierend ausschließlich auf dem Gesagten
(5) Was ist nicht vollständig? Was macht so einfach keinen Sinn?
(6) Sprachmuster angemessen? (Rapport! Keine Provokation!)
(7) Entscheidungspunkt (ja (weiter)/nein (Exit))
(8) Sprachmuster

3. **Installation der (+)-Strategie:**
Tabelle mit den 14 Sleight of mouth- Sprachmuster (incl. Beispiele) lernen und visualisieren! Strategie üben! Ein hervorragendes Übungsobjekt ist der eigene innere Dialog!

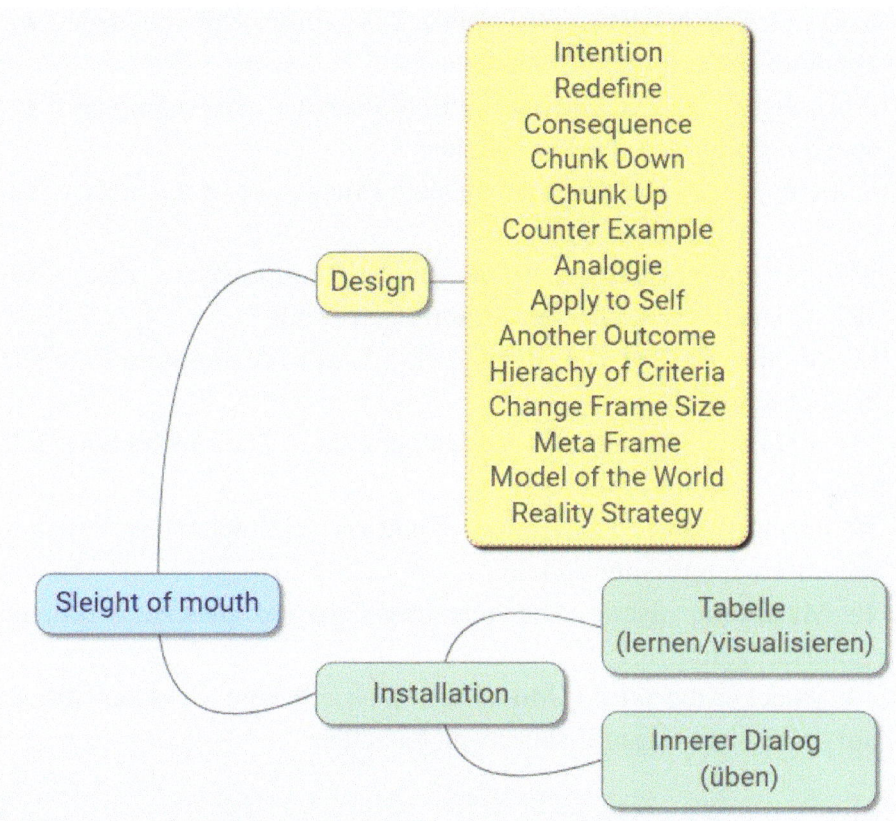

Hier ist ein weiteres Fallbeispiel, in dem die 14 „Sleight of Mouth"-Sprachmuster angewendet werden:

Situation: Ein Kollege behauptet, „Wir schaffen das Projekt nie rechtzeitig, weil das Team nicht effizient genug arbeitet."

1. Intention (positive Absicht): „Vielleicht will er sicherstellen, dass wir die Qualität halten."

2. Redefine (Umdefinition): „Effizienz heißt nicht immer Schnelligkeit."

3. Konsequenz: „Wenn wir es nicht rechtzeitig schaffen, könnten wir den Kunden verlieren."

4. Chunkdown: „Welche konkreten Aufgaben laufen nicht effizient?"

5. Chunkup: „Effizienz ist doch nur ein Teil des gesamten Erfolges."

6. Counterexample (Gegenbeispiel): „Es gab Projekte, bei denen wir trotz Hindernissen erfolgreich waren."

7. Analogie: „Das ist wie bei einem Marathon – am Anfang läuft es langsam, aber am Ende zählt das Durchhalten."

8. Metapher: „Das Projekt ist wie eine Pflanze – es braucht Zeit zum Wachsen."

9. Apply to Self (Selbstanwendung): „Warum glaubst du, dass du das so siehst? Hat das mit früheren Erfahrungen zu tun?"

10. Another Outcome (Anderes Ziel): „Was wäre ein gutes Ergebnis, wenn wir es doch schaffen?"

11. Hierarchy of Criteria (Kriterienhierarchie): „Ist es wichtiger, schnell zu sein oder Qualität zu liefern?"

12. Change Frame Size (Anderer Kontext): „Betrachte das Projekt in Bezug auf unsere langfristigen Ziele."

13. Metaframe: „Ist die Annahme, dass Effizienz alles ist, wirklich der Schlüssel zum Erfolg?"

14. Model of the World (Modell der Welt): „Deine Sicht auf Effizienz könnte auf deinen bisherigen Erfahrungen basieren."

Kommentar

Das „Sleight of Mouth"-Format, entwickelt von Robert Dilts, ist eine der kreativen Methoden im NLP, um die Sichtweise und Überzeugungen einer Person gezielt zu erweitern und zu hinterfragen. Es basiert auf der Idee, dass Überzeugungen – und die Art, wie wir sie ausdrücken – unsere Erfahrungen und Entscheidungen stark prägen. Ursprünglich war das Modell dazu gedacht, Einwände zu entkräften oder auf limitierende Glaubenssätze zu reagieren, doch mit der Zeit fand es in vielen NLP-Kontexten Anwendung, besonders in Coaching und Psychotherapie.

Hintergrund und Entwicklung von „Sleight of Mouth"

Das Format wurde in den 1980er Jahren entwickelt und von der Arbeit des bekannten Hypnotiseurs Milton Erickson inspiriert, der oft auf kreative und indirekte Weise Menschen half, ihre Denkweisen zu verändern. Ericksons Sprachmuster und hypnotische Techniken motivierten Dilts, eine eigene Struktur zur Einflussnahme auf Überzeugungen zu entwickeln.

Robert Dilts kombinierte Ericksons Ideen mit der Kunst des Reframings (Umdeuten), einer Technik, die Richard Bandler und John Grinder, die Mitbegründer des NLP, populär machten. Reframing bedeutet, etwas aus einem neuen Blickwinkel zu betrachten, und bildet die Grundlage von Sleight of Mouth: Jede Aussage oder Überzeugung kann in verschiedenen Kontexten interpretiert oder sogar in Frage gestellt werden. Das Ziel des Formats ist, nicht nur logisch zu argumentieren, sondern neue Perspektiven zu schaffen, die oft humorvoll und unerwartet sind.

Ein Beispiel: Wenn jemand sagt: „Ich schaffe das nie", könnte ein Reframing durch Sleight of Mouth so aussehen:

• Reframing des Kontextes: „In anderen Bereichen warst du aber erfolgreich!"
• Konsequenzen aufzeigen: „Und was passiert, wenn du das weiterhin glaubst?"
• Metapher: „Das ist wie ein Läufer, der aufgibt, bevor er die Ziellinie sieht."

Durch das gezielte Anzweifeln und Umdeuten gelang es Dilts, eine Strategie zu schaffen, mit der Überzeugungen spielerisch, aber effektiv neu bewertet werden können.

Wer ist Robert Dilts?

Robert Dilts ist ein prominenter NLP-Trainer, Autor und Entwickler zahlreicher NLP-Techniken. Als junger Student in den 1970er Jahren traf er auf Bandler und Grinder und schloss sich ihnen an, als NLP noch in den Kinderschuhen steckte. Dilts war fasziniert davon, wie Sprache, Gedanken und Verhalten zusammenwirken und die Realität der Menschen formen. Er spezialisierte sich auf die Entwicklung von NLP-Techniken, die für persönliches Wachstum und Heilung verwendet werden können.

Dilts' Arbeit umfasste:

1. NLP-Modellierung: Er modellierte Persönlichkeiten wie Albert Einstein und Walt Disney, um herauszufinden, wie sie ihre außergewöhnlichen Fähigkeiten entwickelten. Dies führte zur „Disney-Strategie", die kreative Problemlösung in verschiedenen Rollen (Träumer, Realist, Kritiker) strukturiert.
2. Gesundheit und Heilung: In den 1980er Jahren entwickelte Dilts Techniken zur Unterstützung von Heilungsprozessen, etwa bei Krankheiten wie Krebs. Seine Arbeit „Belief Systems and Health" zeigt, wie Überzeugungen Gesundheit und Heilung beeinflussen können.
3. Leadership und Business: Dilts war auch an NLP-Techniken für Business und Leadership interessiert. Er entwickelte Konzepte, die Führungskräften helfen, ihre Teams zu motivieren und zu inspirieren.
4. Arbeit mit Glaubenssystemen: Ein zentraler Teil seiner Arbeit, wie in Sleight of Mouth, war die Modellierung von Überzeugungen und Glaubenssystemen. Hier zeigt sich sein tiefes Verständnis dafür, wie eng Überzeugungen mit der Identität und Realität eines Menschen verbunden sind.

Bedeutung von Sleight of Mouth

Sleight of Mouth ist eine vielseitige Technik, die für viele Situationen in der Kommunikation nützlich ist, etwa in Verhandlungen, Konfliktlösungen und im Coaching. Besonders in der Therapie und im Coaching hilft es, einschränkende Glaubenssätze zu lockern und die Möglichkeit neuer, konstruktiver Überzeugungen zu schaffen. Ein Trainer oder Coach kann mit diesen Sprachmustern positive und lösungsorientierte Sichtweisen bei seinen Klienten fördern und hinderliche Denkweisen auf humorvolle Weise auflösen.

Robert Dilts hat mit Sleight of Mouth einen kreativen Werkzeugkasten geschaffen, der Sprache nutzt, um das Denken zu formen und neue Möglichkeiten zu eröffnen – eine Einladung, flexibel, humorvoll und ressourcenorientiert mit Überzeugungen umzugehen.

Format52: Aktivierung einer Strategie zur Auflösung einschränkender Überzeugungen

1. **Auspacken der (-)-Strategie:**
   Dieses Format ist ein Pendant zu Format24 . Eine einschränkende Überzeugung wird in den meisten Fällen wie folgt repräsentiert:

   $V^i/A^i_d \Leftrightarrow K_-$

   (1)　　(2)

   (1) Inneres Bild+ einschränkende Überzeugung

(2) Gefühl der Einschränkung

2. **Design der (+)-Strategie:**

Das Format arbeitet ausschließlich mit **Positionsankern** .
Dafür werden im Raum Anker für folgende Zustände eingerichtet
[VAKOG-Abfrage]:

1. Positionsanker1[Alte Überzeugung]: Für die alte Überzeugung, die Du nicht länger aufrechterhalten möchtest.
2. Positionsanker2[Neue Überzeugung]: Für die von Dir
   erwünschte neue Überzeugung..
3. Positionsanker3[Offenheit für Überzeugungen]: Für eine Zeit,
   in der Du für eine neue Überzeugung offen gewesen bist.
   Welche Submodalitäten machen den größten Unterschied?
4. Positionsanker4[Offenheit für Zweifel]: Für eine Zeit, in der
   Du bereit gewesen bist, an Überzeugungen zu zweifeln, an
   denen Du lange gehangen hast.
5. Positionsanker5[Abgelegte Überzeugungen]: Für etwas, was
   Du lange geglaubt hast, aber woran Du nicht mehr glaubst.
6. Positionsanker6[Vertrauen]: Für eine Erfahrung tiefen Ver-
   trauens –wie etwa zu einer Zeit, in der Du nicht mehr gewusst
   hast, woran Du hättest glauben sollen, in der Du aber in der
   Lage gewesen bist, Dir selber oder einer höheren Macht zu
   vertrauen.
7. Positionsanker7[Neutrale Position]: Für eine neutrale bzw.
   Meta-Position
8. Das obige Synäthesie-Muster soll ersetzt werden durch:
   $V^i/A^i_d \Leftrightarrow K_+$
   (1)   (2)
   (1) Inneres Bild+ neue Überzeugung
   (2) Gefühl der Flexibilität

3. **Installation der (+)-Strategie:**

   1. Nimm den Standpunkt bzw. Positionsanker1[Alte Überzeugung] ein und verinnerliche die alte Überzeugung, die Du verändern möchtest.
   Wechsele zum Standpunkt Positionsanker4[Offenheit für Zweifel], während Du die innere Repräsentation der alten Überzeugung festhälst. Diese wird auf Positionsanker4[Offenheit für Zweifel] zurückgelassen.

   2. Gehe nun zu Positionsanker2[Neue Überzeugung] weiter und verinnerliche Dir die neue Überzeugung, die Du erwerben möchtest; stelle dabei sicher, dass die nützlichen Anteile der alten Überzeugung miteinbezogen werden. Gehe zu Positionsanker7[Neutrale Position] und stelle fest, in welcher Weise Du die neue Überzeugung bzw. Die integrierten Anteile der alten Überzeugung verändern möchtest.

   3. Kehre jetzt zur alten eingrenzenden Überzeugung auf Positionsanker4[Offenheit für Zweifel] zurück und gehe von dort aus zu Positionsanker5[Abgelegte Überzeugungen], wo Du in der Vergangenheit schon andere Überzeugungen zurückgelassen hast.

   4. Bringe jetzt die erwünschte, aber überdachte neue Überzeugung von Positionsanker3[Offenheit für Überzeugungen] zu Positionsanker1[Alte Überzeugung].

   5. Von dort aus bringst Du die neue Überzeugung zu Positionsanker6[Vertrauen]; stelle Dir Deine Zukunft mit der neuen Überzeugung vor und überprüfe, inwieweit diese Veränderung ökologisch ist.

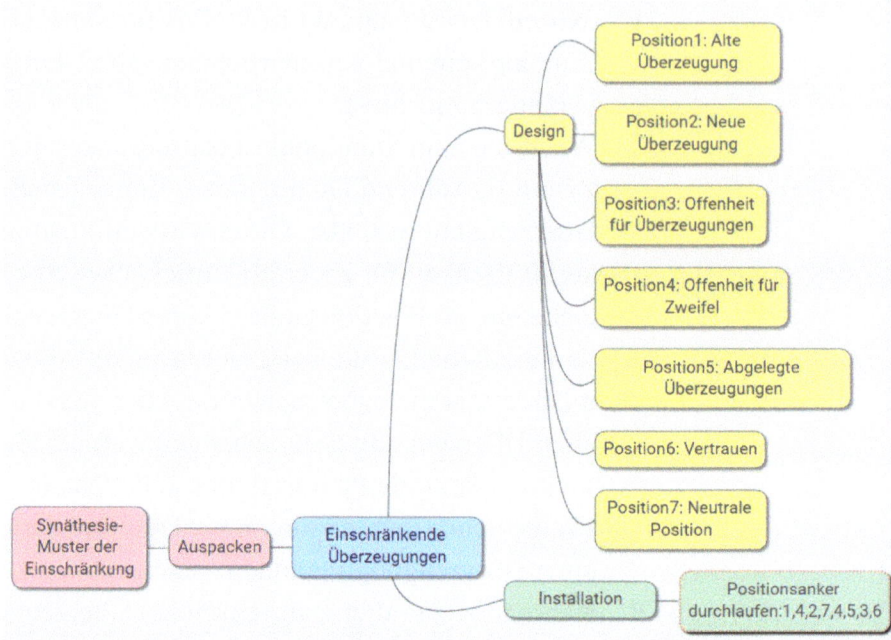

- **Fallbeispiel**

Maria hat die einschränkende Überzeugung, dass sie nicht gut genug ist, um eine Führungsposition in ihrer Firma anzustreben. Diese Überzeugung hält sie davon ab, sich auf eine kürzlich ausgeschriebene Stelle als Teamleiterin zu bewerben, obwohl sie die notwendigen Fähigkeiten und die Erfahrung dafür hat. Maria möchte diese Überzeugung ablegen und durch eine neue, stärkende Überzeugung ersetzen.

Maria nimmt den Standpunkt des ersten Positionsankers ein und verinnerlicht die alte Überzeugung: „Ich bin nicht gut genug für eine Führungsposition." Sie spürt die Zweifel und die Unsicherheit, die mit dieser Überzeugung verbunden sind.

Maria wechselt nun zum vierten Positionsanker, der für Offenheit für Zweifel steht. Während sie die alte Überzeugung noch festhält, erlaubt sie sich, Zweifel an dieser Überzeugung zuzulassen. Sie fragt sich: „Was, wenn diese Überzeugung nicht die absolute Wahrheit ist? Was, wenn ich mich in dieser Überzeugung irre?" Maria beginnt, die alte Überzeugung zu hinterfragen und lässt den ersten Samen des Zweifels aufkommen.

Nun bewegt sich Maria zum zweiten Positionsanker, wo sie die neue Überzeugung verinnerlicht: „Ich bin gut genug und bereit für eine Führungsposition." Während sie sich diese Überzeugung vorstellt, integriert sie nützliche Anteile der alten Überzeugung, wie den Wunsch, ihre Fähigkeiten stetig zu verbessern und sich auf neue Herausforderungen vorzubereiten. Sie spürt, wie diese neue Überzeugung Vertrauen und Zuversicht in ihr weckt.

Maria geht jetzt zur neutralen Position, dem siebten Positionsanker. Hier reflektiert sie aus einer distanzierten Perspektive, wie die neue Überzeugung in ihr Leben passen könnte und ob es noch Aspekte gibt, die sie verändern oder anpassen möchte. Sie prüft, ob die Integration der nützlichen Anteile der alten Überzeugung in die neue Überzeugung sinnvoll ist.

Nun kehrt Maria zurück zum vierten Positionsanker, der für Offenheit für Zweifel steht. Während sie die alte Überzeugung festhält, spürt sie erneut die Zweifel und Unsicherheiten, die sie inzwischen kritisch hinterfragt hat. Diese Überzeugung hat bereits an Macht verloren.

Maria geht weiter zum fünften Positionsanker, der für abgelegte Überzeugungen steht. Hier erinnert sie sich an Überzeugungen, die sie in der Vergangenheit erfolgreich abgelegt hat, wie z.B. den Glauben, dass sie als Kind nicht gut in Mathematik war, was sie später als falsch erkannte. Sie lässt die alte Überzeugung „Ich bin nicht gut genug für eine Führungsposition" bewusst los, und legt sie neben die anderen, überholten Überzeugungen ab.

Maria bewegt sich zum dritten Positionsanker, der für Offenheit für Überzeugung steht. Sie bringt hier die erwünschte, überdachte Neuüberzeugung ein: „Ich bin gut genug und bereit für eine Führungsposition." Sie lässt diese Überzeugung in sich wachsen und spürt, wie sie an Kraft gewinnt.

Maria kehrt nun zum ersten Positionsanker zurück, wo die alte Überzeugung ursprünglich fest verankert war. Anstelle der alten Überzeugung verankert sie nun die neue Überzeugung: „Ich bin gut genug und bereit für eine Führungsposition."

Zum Abschluss wechselt Maria zum sechsten Positionsanker, der für Vertrauen steht. Sie stellt sich ihre Zukunft mit der neuen Überzeugung vor: Wie sie sich erfolgreich auf die Teamleiterposition bewirbt, wie sie das Vorstellungsgespräch meistert und wie sie schließlich die Rolle übernimmt. Sie spürt das Vertrauen in diese neue Überzeugung und überprüft, inwieweit diese Veränderung ökologisch ist – das heißt, ob sie mit ihren Werten und Zielen im Einklang steht.

Format53: Aktivierung einer effizienten Lesestrategie

1. **Auspacken der (-)-Strategie:**

   Bei einer ineffizienten Lesestrategie liegt die folgende Struktur vor:

   $V^e_d \rightarrow A^i_d \rightarrow [VAKOG]^i$

   (1)   (2)   (3)

   (1) Das gedruckte Wort

   (2) Innerliches Sagen des Wortes

        (3) Erfahrung, die dem Wort „Bedeutung" verleiht

2. **Design der (+)-Strategie:**
Die Strategie des Schnellesers verläuft sofort vom Sehen des geschriebenen Wortes zur Auslösung der Erfahrung:
$$V^e_d \rightarrow [VAKOG]^i$$
(1)   (2)
(1) Das gedruckte Wort
(2) Gespeicherte Erfahrung, die durch das Wort verankert wird

3. **Installation der (+)-Strategie:**
   Die (-)- Strategie wird durch **Überlastung** unterbrochen: Man „photographiert" die Seiten in (1) so schnell ab, dass der auditiv-digitale Zwischenschritt nicht mehr möglich ist, auch wenn das anfangs mit dem Verlust an Auffassung verbunden ist.

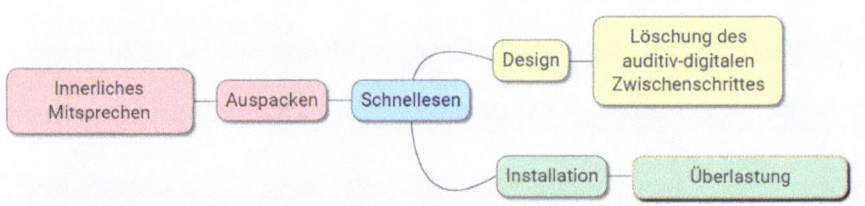

• **Fallbeispiel**

Anna ist eine Studentin, die Schwierigkeiten hat, große Mengen an Texten in kurzer Zeit zu lesen und zu verstehen. Ihre derzeitige Lesestrategie ist ineffizient: Sie liest jeden Satz langsam, spricht innerlich mit und braucht viel Zeit, um den Text zu verstehen. Dies führt dazu, dass sie beim Studium viel Zeit verliert und sich gestresst fühlt, wenn sie sich auf Prüfungen vorbereitet.

Anna erkennt, dass ihre ineffiziente Lesestrategie darin besteht, das gedruckte Wort zu sehen, es innerlich zu wiederholen (auditiv-digitaler Zwischenschritt) und erst dann die Bedeutung des Gelesenen zu erfassen. Dieser Prozess ist langsam und hindert sie daran, effizient zu lesen.

Anna möchte ihre Lesestrategie umstellen, um schneller und effektiver lesen zu können. Sie entscheidet sich dafür, die Schnelllese-Technik anzuwenden, bei der sie das gedruckte Wort direkt in Bedeutung umsetzt, ohne den auditiv-digitalen Zwischenschritt.

Um die ineffiziente Strategie zu unterbrechen, verwendet Anna die Methode der Überlastung. Sie nimmt sich vor, eine Seite eines Buches in einer bestimmten Zeit zu „fotografieren", das heißt, sie sieht sich die Seite an und versucht, so schnell wie möglich weiterzublättern, ohne den Text innerlich zu wiederholen.

- Tag 1: Anna beginnt, eine Seite eines einfachen Textes in 20 Sekunden durchzublättern, ohne den Text innerlich mitzusprechen. Sie fühlt sich dabei etwas unwohl, da sie nicht alles versteht, was sie liest, aber das ist Teil des Prozesses. Ihr Gehirn wird überlastet, da es nicht mehr in der Lage ist, den auditiv-digitalen Zwischenschritt zu nutzen.

- Tag 2: Anna reduziert die Zeit auf 15 Sekunden pro Seite. Sie zwingt sich, nicht auf den inneren Drang einzugehen, die Wörter innerlich zu wiederholen. Ihr Ziel ist es, den Text visuell aufzunehmen und die Bedeutung direkt abzurufen, ohne zu „hören", was sie liest.

- Tag 3: Anna reduziert die Zeit weiter auf 10 Sekunden pro Seite. Sie merkt, dass ihr innerer Dialog allmählich verstummt und sie sich zunehmend auf die Bedeutung des Textes konzentrieren kann. Ihr Gehirn beginnt, direkt von den gedruckten Wörtern zur Erfahrung überzugehen, ohne den Umweg über das innere Sprechen.

- Tag 4: Anna trainiert weiter, indem sie den Schwierigkeitsgrad der Texte erhöht und weiterhin die Seiten so schnell wie möglich „fotografiert". Sie bemerkt, dass sie immer mehr Informationen direkt versteht, ohne den Zwischenschritt des innerlichen Nachsprechens. Nach mehreren Tagen intensiven Trainings stellt Anna fest, dass sie nun in der Lage ist, Texte schneller zu lesen und die Bedeutung direkt zu erfassen. Der Drang, die Wörter innerlich zu wiederholen, ist stark reduziert, und sie kann den Text effizienter verarbeiten.

Anna setzt sich weiter das Ziel, täglich zu üben, bis die neue Lesestrategie vollständig automatisiert ist. Sie nutzt dabei verschiedene Textarten und steigert allmählich die Geschwindigkeit, um ihre Fähigkeit weiter zu verbessern.

Format54: Aktivierung einer Strategie zur Etablierung einer positiven Prägung

1. **Auspacken der (-)-Strategie:**

Wie bereits in einigen vorangegangenen Formaten behandelt, haben frühe negative Erfahrungen prägenden Charakter für unser weiteres Leben. Meistens liegt dabei die folgende Struktur vor:

$$V^{er}/A^i_d \iff K_-$$

Ein Erinnerungsfilm mit Treibersubmodalitäten verbunden mit einem negativen inneren Dialog ankert die negativen Gefühle.

2. **Design der (+)-Strategie:**
   1. Identifiziere eine positive Prägung und filtere deren Submodalitätscharakteristika sowie den guten Einfluss auf das weitere Leben.
   2. Identifiziere jene negative Prägung und deren Einfluss auf das weitere Leben, die relativiert/aufgelöst werden soll.
   3. Identifiziere oder kreiere jene positive Prägung, die, hätte sie **vor** der negativen Prägung stattgefunden, einen generell guten Einfluss auf das weitere Leben gehabt hätte und insbesondere geeignet gewesen wäre, die negative Prägung als „Erfahrung für`s Leben" zu bewerten oder anderweitig positiv zu beeinflussen.

3. **Installation der (+)-Strategie:**
   1. Gehe ausreichend weit in der Zeit vor die negative Prägung zurück und baue die positive Prägung aus Schritt 2.3 ressourcevoll auf, indem Du die Submodalitätscharakteristika aus Schritt 2.1 verwendest und fälle jene Entscheidung, die für das ganze Leben trägt.
   2. Reise nun so schnell wie möglich vorwärts in der Zeit/im Leben und registriere wie alle weiteren Erfahrungen neu bewertet werden. Wenn die negative Prägung passiert wird: Welche Transformationsprozesse finden statt?
   3. Sobald die Gegenwart erreicht ist: Zwischencheck: Ist die neue Vergangenheit so in Ordnung? Ja→ Weiter; Nein→ 2.3 und andere, noch tragfähigere positive Prägung finden/kreieren.

4. Reise weiter in die Zukunft und stell Dir vor, wie es weitergehen wird; bilde eine sehr anziehende Vision, die den Lebensplan weitestgehend optimiert.
5. Es ist nützlich, die Schritte 2 bis 3 öfter zu wiederholen.

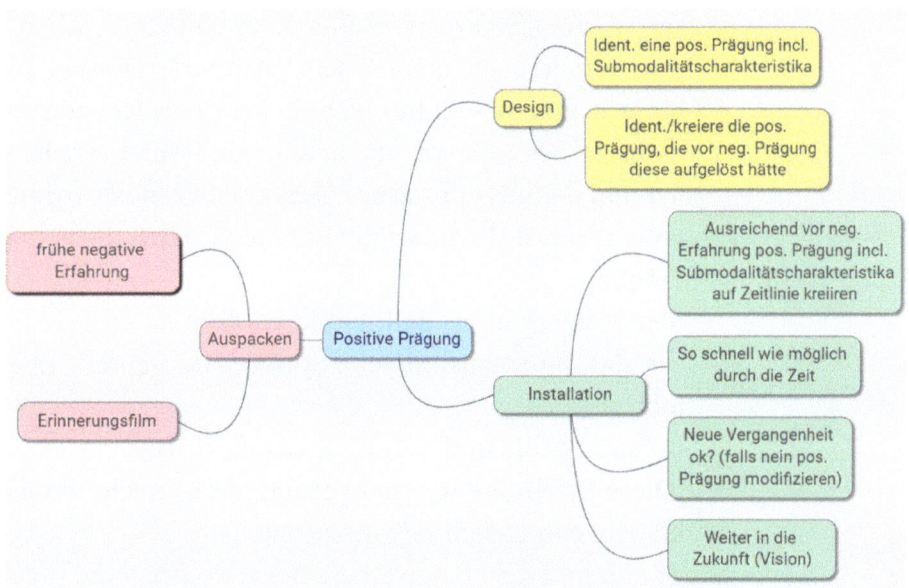

- **Fallbeispiel**

Tom ist ein erfolgreicher Marketingmanager, der in seiner Kindheit eine prägende negative Erfahrung gemacht hat. Als er in der Grundschule war, sagte ihm ein Lehrer, dass er „nicht kreativ genug" sei, um in künstlerischen oder gestalterischen Berufen erfol greich zu sein. Diese Aussage hat Tom tief geprägt und führte dazu, dass er sich lange Zeit in kreativen Bereichen blockiert fühlte. Obwohl Tom später beruflich erfolgreich wurde, spürt er, dass diese alte negative Prägung ihn immer noch davon abhält, sein volles kreatives Potenzial auszuschöpfen.

Tom möchte diese negative Prägung durch eine positive Prägung ersetzen, um sein kreatives Potenzial voll zu entfalten.

Tom erinnert sich an eine sehr positive Erfahrung aus seiner Jugend, als er in einem Schulprojekt ein kreatives Konzept entwickelt und dafür großes Lob von einem anderen Lehrer erhalten hat. Dieses Lob hat ihm damals ein starkes Gefühl von Selbstvertrauen und Kreativität gegeben. Er filtert die Submodalitäten dieser positiven Prägung:

Die Erinnerung ist hell und farbenfroh.

Er hört die enthusiastische Stimme des Lehrers, der sein Konzept lobt.

Er spürt Stolz und Wärme in seiner Brust.

Diese Erfahrung hat ihm gezeigt, dass er sehr wohl kreativ sein kann, wenn er sich selbst vertraut.

Tom erinnert sich nun an die negative Prägung: die Aussage des Lehrers, dass er „nicht kreativ genug" sei. Diese Aussage hat damals dazu geführt, dass er sich über Jahre hinweg unsicher fühlte und seine kreativen Fähigkeiten ständig infrage stellte.

Diese negative Prägung hat Tom oft davon abgehalten, kreative Projekte anzugehen oder in kreativen Bereichen Risiken einzugehen. Tom kreiert nun eine positive Prägung, die er „vorschaltet", um die negative Prägung aufzulösen. Er stellt sich vor, wie er als Kind von einem Familienmitglied (zum Beispiel seinem Großvater, den er sehr schätzte) regelmäßig ermutigt wurde, kreativ zu sein. Der Großvater lobt ihn für seine kreativen Ideen und motiviert ihn, diese weiterzuentwickeln. Diese wiederkehrende positive Bestärkung hätte, wenn sie vor der negativen Prägung durch den Lehrer stattgefunden hätte, einen nachhaltig positiven Einfluss auf Toms Leben gehabt.

Tom reist in seiner Vorstellung ausreichend weit zurück, in die Zeit vor der negativen Prägung durch den Lehrer. Er baut die positive Prägung ressourcenvoll auf:

Tom sieht seinen Großvater vor sich, der ihm freundlich zulächelt und seine kreativen Arbeiten bewundert.

Er hört die Stimme seines Großvaters, die ihm sagt: „Du hast ein unglaubliches Talent, Dinge auf kreative Weise zu sehen und zu gestalten."

Er spürt die Wärme und das Vertrauen, die ihm diese Worte geben. Tom nimmt diese positive Prägung tief in sich auf und stellt sich dann vor, wie er durch die Zeit reist und diese neue, stärkende Erfahrung alle seine zukünftigen Erlebnisse beeinflusst.

Tom reist nun mental durch die Zeit vorwärts und beobachtet, wie sich seine weiteren Erfahrungen verändern, nachdem er die positive Prägung installiert hat. Als er zur Situation mit dem Lehrer kommt, der ihn „nicht kreativ genug" nennt, spürt er, dass diese Aussage weniger Gewicht hat. Die starke positive Prägung durch den Großvater wirkt wie ein Schutzschild, das die negative Aussage des Lehrers relativiert und abschwächt.

Tom registriert, dass er mit diesem neuen Selbstvertrauen viele seiner kreativen Entscheidungen anders getroffen hätte. Er hätte mehr Mut gehabt, kreative Projekte anzugehen, sich mehr zuzutrauen und seine Ideen selbstbewusster zu vertreten.

Tom erreicht in seiner Vorstellung die Gegenwart und macht einen Zwischencheck. Er fragt sich: Ist die neue Vergangenheit so in Ordnung? Er spürt, dass er sich jetzt viel freier und kreativer fühlt, als ob eine Last von ihm genommen wurde.

Falls die Veränderung noch nicht vollständig zufriedenstellend gewesen wäre, hätte Tom an dieser Stelle noch eine andere positive Prägung gesucht oder die bestehende weiter verstärkt. Da er sich jedoch mit dem aktuellen Zustand wohlfühlt, geht er zum nächsten Schritt über.

Nun reist Tom mental in die Zukunft und stellt sich vor, wie sein Leben mit dieser neuen, positiven Prägung aussieht. Er sieht sich selbst in kreativen Projekten erfolgreich, vielleicht sogar in einem neuen Berufsfeld, das mehr Kreativität erfordert. Diese Vision ist lebendig und anziehend, sie motiviert ihn und gibt ihm ein starkes Gefühl der Vorfreude.

Tom wiederholt diesen Prozess einige Male, um die neue Prägung zu festigen. Mit jeder Wiederholung wird die neue Prägung stärker und die alte negative Prägung verliert weiter an Bedeutung.

Format55: Aktivierung einer Strategie, um morgens fröhlich aufzustehen

1. **Auspacken der (-)-Strategie:**
   Wenn Du Probleme hast, morgens aus den Federn zu kommen, dann ist dieses Format das richtige für Dich. Wahrscheinlich wirst Du feststellen, dass Deine Aufstehstrategie ungefähr folgende Struktur hat:

   $A^e \rightarrow K^e \rightarrow V^e \rightarrow V^i/K \Leftrightarrow A^i_d \rightarrow K^e$

   1.   2.   3.   4.   5.   6.

1. Geräusch des Weckers
2. Wecker ausschalten
3. Bild der Zeitanzeige
4. Inneres, sehr unattraktives Bild eines unangenehmen Morgen, assoziiert, grau unscharf verbunden mit einem starken negativen Gefühl .
5. „Das will ich nicht. Ist es denn schon so spät? Ich hab noch keine Lust aufzustehen."
6. Du bleibst erstmal liegen.

2. **Design der (+)-Strategie:**

$$A^e \rightarrow K^e \rightarrow V^e \rightarrow V^i/K_+ \Leftrightarrow A^i_d \rightarrow K^e$$

1.   2.   3.   4.   5.   6.

1. Geräusch des Weckers
2. Wecker ausschalten
3. Bild der Zeitanzeige
4. Inneres, sehr attraktives Bild eines angenehmen Morgen, assoziiert, farbig, hell, klarer Kontrast verbunden mit einem starken positiven Gefühl von einem Punkt im Oberkörper ausgehend, weich und leicht. Mache das Bild heller und hol es an Dich ran, sodass sich das angenehme Gefühl über Deinen gesamten Körper und darüber hinaus ausbreitet und in leicht wabernden Wellen von Dir bis zu dem hellen Bild strömt und Dich damit verbindet.
5. „Das will ich. Ich bin wertvoll. Was ich tue, fühlt sich gut an. Ich erreiche meine Ziele. Ich will einfach aufstehen."
6. Du stehst auf.

3. **Installation der (+)-Strategie:**
Aufgrund der gleichbleibenden Struktur ist die Installation sehr ein-

fach. Übe die (+)-Strategie bis sie sitzt und verändere Inhalt und Submodalitäten entsprechend.

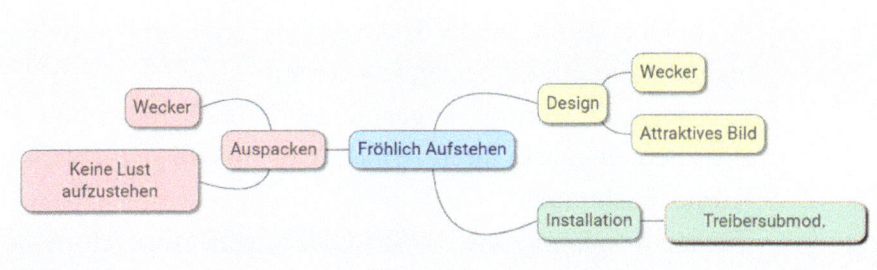

- **Fallbeispiel**

- Lisa hat oft Schwierigkeiten, morgens motiviert und gut gelaunt aus dem Bett zu kommen. Sie fühlt sich häufig müde und grübelt über den bevorstehenden Tag, was es ihr schwer macht, fröhlich aufzustehen. Sie möchte diese Routine ändern und sucht nach einer Strategie, um ihre Morgenstimmung zu verbessern und mit mehr Energie in den Tag zu starten.
Lisa hat ihren Wecker auf 6:30 Uhr gestellt. Sobald sie das Geräusch des Weckers hört, schaltet sie ihn aus. Anstatt wie gewohnt im Bett liegen zu bleiben und über den bevorstehenden Tag nachzudenken, beginnt sie sofort mit der NLP-Strategie.
Nachdem Lisa den Wecker ausgeschaltet hat, schließt sie die Augen und stellt sich ein inneres Bild von einem angenehmen Morgen vor. Sie sieht sich selbst, wie sie fröhlich und voller Energie aufsteht, die Sonne scheint durch das Fenster, und sie spürt die Frische des Morgens.
Lisa stellt sich vor, dass das Licht in ihrem Zimmer warm und freundlich ist. Alles um sie herum ist klar und lebendig.

Die Farben sind leuchtend, und die Details sind scharf. Sie sieht, wie die Sonnenstrahlen sanft durch die Vorhänge fallen und den Raum in ein angenehmes Licht tauchen.

Während sie dieses Bild visualisiert, konzentriert Lisa sich auf das positive Gefühl, das sie damit verbindet. Dieses Gefühl beginnt in ihrem Oberkörper, in der Nähe des Herzens, und breitet sich sanft und leicht in ihrem ganzen Körper aus.

Lisa spürt ein warmes, angenehmes Kribbeln, das sich von ihrem Brustbereich aus in ihren Armen, Beinen und schließlich im ganzen Körper ausbreitet.

Sie stellt sich vor, wie das Bild des angenehmen Morgens immer heller wird und sich näher zu ihr bewegt. Dieses Bild verschmilzt mit ihrem Gefühl, sodass sie sich vollständig von der positiven Energie des Morgens umhüllt fühlt.

Lisa verbindet dieses Bild und das angenehme Gefühl mit positiven, motivierenden Gedanken. Sie sagt sich innerlich:

- „Das will ich." (Sie bekräftigt ihren Wunsch, diesen angenehmen Morgen zu erleben.)
- „Ich bin wertvoll." (Sie erinnert sich daran, dass sie es verdient, einen guten Start in den Tag zu haben.)
- „Was ich tue, fühlt sich gut an." (Sie verbindet ihre Aufgaben und Ziele des Tages mit positiven Gefühlen.)
- „Ich erreiche meine Ziele." (Sie stärkt ihren Glauben daran, dass sie erfolgreich sein wird.)
- „Ich will einfach aufstehen." (Dieser Gedanke gibt ihr den Impuls, aktiv zu werden.)

Mit diesen positiven Gedanken und dem starken Gefühl im ganzen Körper öffnet Lisa die Augen. Sie spürt die Energie, die durch sie fließt, und steht mit einem Lächeln auf. Anstatt träge und unmotiviert zu sein, fühlt sie sich leicht und beschwingt. Der angenehme

Morgen, den sie sich vorgestellt hat, motiviert sie, den Tag voller Tatendrang zu beginnen.

Format56: Aktivierung einer Strategie, um einen neuen Teil zu bauen

1. **Auspacken der (-)-Strategie:**
   Hier gibt es nichts Altes auszupacken.

2. **Design der (+)-Strategie:**

$$V^k/A^i_d \Leftrightarrow [VAKOG]^{er} \Leftrightarrow V^k/A^k/A^i_d \Leftrightarrow K_{+-} \rightarrow [VAKOG]^{i,e}$$

1. 2. 3. 4. 5.

1. Funktion des Teiles festlegen: „Ich möchte einen Teil der X erreichen wird."

2. Verschaffe Dir Zugang zu allen zurückliegenden Erlebnissen, in denen Du X oder etwas Ähnliches gemachthast. Gehe in jedes Erlebnis hinein und verschaffe Dir Zugang zu allen Aspekten des Verhaltens X oder von Elementen von X. Durchlebe diese Erinnerungen in allen Repräsentationssystemen.

3. Schaffe Dir ein detailliertes Set von Bildern darüber, wie Du Dich verhalten würdest, wenn Du gerade das Verhalten demonstrierst, was dieser Teil von Dir Dich tun lassen wird, um das Ziel X zu erreichen. Als Erstes lass einen dissoziierten, visuell und auditiv konstruierten Film entstehen. Sobald Du eine ganze Sequenz vor Augen hast, mit der Du zufrieden bist, gehe in das Bild hinein, durchlaufe die ganze Sequenz noch einmal von innen und fühle, wie das ist, wenn Du Dich so verhältst.

4. Bist Du unzufrieden, verändere den Film. Setze das so lange fort, bis Du mit der Fantasie von außen und innen zufrieden bist (Einwanderhebende Teile berücksichtigen und integrieren).

5. Neuer Teil

3. **Installation der (+)-Strategie:**

1. Bitte Deine unbewussten Ressourcen, diese Fantasie zu analysieren und die wesentlichen Bestandteile zu extrahieren. Dein Unbewusstes soll diese Information für den Bau des Teils benutzen und ihm Existenz verleihen.

64

2. Prüfe den Teil, um sicherzustellen, dass er vorhanden ist:
   Gehe nach innen und frage ihn.
3. Mit verschiedenen Situationen üben (Generalisierung).

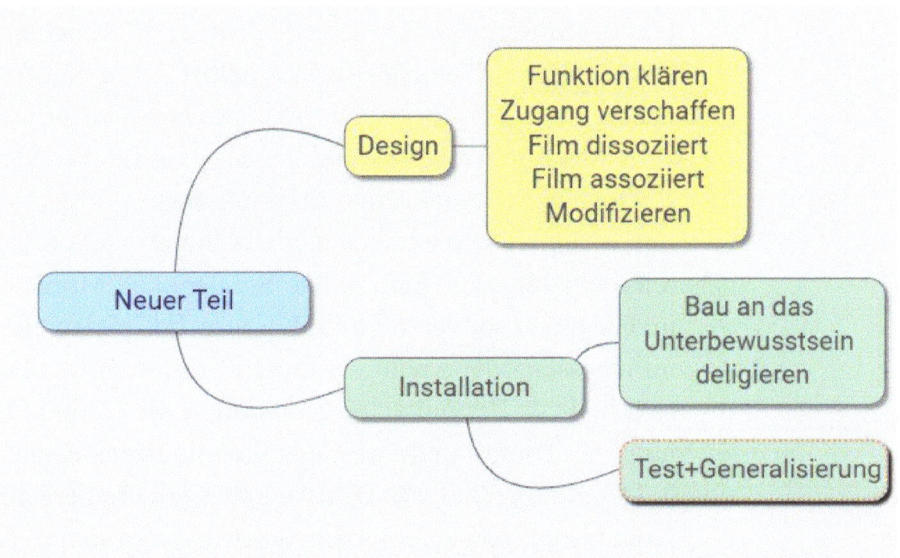

- **Fallbeispiel:**
  Person: Lena, 29 Jahre alt, möchte ihre Fähigkeit verbessern,
  selbstsicher und ruhig bei öffentlichen Präsentationen aufzutreten.
  Sie hat bisher oft Lampenfieber und erlebt während ihrer Vorträge
  häufig innere Nervosität, die sie daran hindert, ihre Gedanken flüssig
  und klar zu vermitteln. Lena ist entschlossen, einen neuen „Teil" zu
  erschaffen, der sie bei Präsentationen unterstützt und ihr hilft, souverän aufzutreten.

Die NLP-Strategie Schritt für Schritt

1. Festlegung der Funktion des neuen Teils:
Lena definiert, dass der neue Teil sie in öffentlichen Präsentationen
unterstützen soll, sodass sie sich selbstbewusst und ruhig fühlt. Der
neue Teil soll ihr Sicherheit und ein klares Ausdrucksvermögen
verleihen und ihr das Gefühl geben, dass sie wertvolle Inhalte teilt.
2. Zugang zu vergangenen Erlebnissen:
Lena erinnert sich an verschiedene Situationen, in denen sie sich bereits selbstbewusst gefühlt hat. Sie denkt an Momente, in denen sie
im Gespräch souverän und ruhig war, beispielsweise bei einem Fa-
milienessen oder einem vertrauten Treffen mit Kollegen. Sie fühlt
sich in diese Erlebnisse ein und notiert die Details: Wie ihre Haltung, ihr Tonfall und ihre Gedanken in diesen Situationen waren.
3. Detailliertes Set von Bildern und Verhalten erstellen:
Lena visualisiert sich in einer Vortragssituation, in der sie die
gleiche Gelassenheit und Souveränität hat wie in ihren Erinnerungen. Sie stellt sich lebendig vor, wie sie ruhig spricht, wie ihr
Atem gleichmäßig ist und wie ihre Stimme klar klingt. Sie überprüft
das Bild und nimmt Veränderungen vor, um es perfekt auf ihre
Bedürfnisse abzustimmen – beispielsweise nimmt sie eine aufrechte
Haltung ein, lächelt und hat eine ruhige, selbstbewusste
Ausstrahlung.
4. Berücksichtigung von Einwänden und Anpassungen:
Während der Visualisierung erkennt Lena, dass sie anfangs etwas
skeptisch ist, ob sie tatsächlich so souverän wirken kann. Sie bemerkt diesen inneren Einwand und passt das Bild an: Sie fügt einen
kurzen Moment hinzu, in dem sie sich vor Beginn des Vortrags kurz
erdet und tief durchatmet. Dadurch fühlt sie sich noch sicherer, was
den Einwand abschwächt.

5. Anrufung der unbewussten Ressourcen:

Lena bittet ihr Unterbewusstsein, die Essenz ihrer Visualisierungen zu analysieren und die entscheidenden Aspekte zu extrahieren. Sie vertraut darauf, dass ihr Unterbewusstsein diesen neuen, selbstsicheren Teil integriert und ihn aufbaut, sodass sie ihn bei zukünftigen Präsentationen abrufen kann.

6. Tests und Sicherstellung:

Um sicherzustellen, dass der neue Teil integriert ist, führt Lena einige kleine Tests durch: Sie stellt sich eine bevorstehende Präsentation im Detail vor und achtet darauf, wie ihr neues Selbstbewusstsein aufkommt. Sie spürt eine innere Ruhe und das Gefühl, gut vorbereitet zu sein. Danach probt sie in einem leeren Raum und merkt, dass sie weniger nervös ist und ihr Vortrag flüssiger klingt.

7. Ergebnis und Ausblick:

Am Tag der Präsentation fühlt sich Lena sicherer als sonst. Sie betritt den Raum mit einem Lächeln, nimmt sich Zeit zum Atmen und bemerkt, dass der neue Teil sie unterstützt, indem sie sich ruhig und präsent fühlt. Ihr neuer Teil hilft ihr, klar und selbstbewusst zu sprechen, und Lena genießt das Erlebnis, ihre Inhalte entspannt und positiv präsentieren zu können.

Fazit

Mit dieser Strategie konnte Lena einen neuen, hilfreichen Teil in sich aufbauen, der sie dabei unterstützt, bei Präsentationen souverän und gelassen aufzutreten. Die Visualisierungsarbeit und die Unterstützung ihres Unterbewusstseins haben ihr geholfen, das gewünschte Verhalten zu verankern und Lampenfieber zu minimieren.

Kommentar (aus meinem Buch „Integrales NLP" für den an Bewusstseinserweiterung interessierten Leser)

„Ich möchte einen Teil der X erreichen wird." X:=Spiegelgeist (den Geist beobachten ohne ihn zu verzerren). Dieser Teil sieht, aber ist selbst nicht zu sehen – so wenig, wie ein Auge sich selbst sehen oder eine Zunge sich selbst schmecken kann. Dieser „Beobachter" ist reines Subjekt und kann nicht als Objekt gesehen werden. Wenn Du diesen Beobachter oder Seher finden möchtest und dann tatsächlich etwas siehst, kann es sich nur um Objekte handeln, nicht um das wahre Subjekt, den Beobachter. Der Beobachter würde eher so etwas sagen: „Ich sehe den Berg, aber ich bin nicht der Berg. Ich habe Empfindungen, aber ich bin nicht diese Empfindungen. Ich fühle, aber ich bin nicht die Gefühle. Ich denke, aber ich bin nicht die Gedanken. Ich bin nichts, was gesehen werden kann, ich bin der reine Seher selbst."

Bei diesem Format ist es wesentlich, genau zu klären, was dieser Teil beobachten soll, damit der unbewußte Bau des Teiles gelingt. Ich habe mich in erster Linie darauf kalibriert, das Wechselspiel zwischen sekundärer und primärer Wahrnehmung zu beobachten. Was ich darunter verstehe möchte ich Dir im folgenden erklären:
Die **Sprache** ist das allgemeinste Ankersystem, das wir haben. Die geschriebenen Worte „Katze", „Wärme" und „Liebe" sind visuelle Anker für innere Repräsentationen. Um dem Symbol „Katze" einen Sinn zu geben, mußt Du Erfahrungen der Vergangenheit auslösen:

$$V_d \rightarrow [A_t^{er}, \quad V^{er}, \quad K^{er}, \quad O^{er}]$$

„Katze" Miauen, Bild, Gefühl des Fells, Geruch
Die Buchstabenfolge „Katze" ankert einen bestimmten Set von

Repräsentationen. Wenn wir den Stimulus ändern oder ihm etwas hinzufügen, können wir auch die geankerten Repräsentationen verändern. Wenn wir z. B. „nasse Katze" oder „gefleckte Katze" niederschreiben würden, dann würden andere geankerten Repräsentationen ausgelöst. Einige Anker evozieren nicht in allen Sinnessystemen Repräsentationen. Dies ist abhängig von der Art des Ankers und vom Zustand des Individuums. Sätze wie: „Sieh Dir das an" oder „ Dies wird Dir Schauer über den Rücken jagen" oder „Seine Stimme klang so verlegen" appellieren an verschiedene Repräsentationssysteme. In den entsprechenden Repräsentationssystemen werden sie ausgiebiger Repräsentationen ankern als in anderen. Bei dem Satz: „Ich habe eine Katze und einen Hund, die ein Herz und eine Seele sind," werden sukzessive die einzelnen Wortanker ausgelöst. Daraus ergibt sich dann ein konstruierter innerer Film. „Äußere" Dinge kann man sehen, hören, anfassen, schmecken, riechen. Auf die gleiche Art und Weise bekommen innere Befindlichkeiten wie „Herz und Seele" ihre geankerte Bedeutung. Ebenso Verben, Adjektive, Präpositionen. Wie ist das mit Fragen? Wenn ich Dich frage: „Was hast Du heute Mittag gegessen?", wird ein Erinnerungsfilm von Deinem Mittagessen in Dir ausgelöst. Bei Deiner Antwort triggert dieser dann die entsprechenden Sätze.

- Für Sprache ergibt sich somit folgende Wechselwirkung:
  $$A^{ei}_d \iff [A^{ei}_t , V^{ei} , K^{ei} , O^{ei} , G^{ei}]$$
  „**Sekundäre**" Erfahrungen (Wörter, Sätze) sind Anker für „**primäre**" Sinnesrepräsentationen und umgekehrt, denn diese ankern wiederum in Form von Kommentaren, Fragen u.a. Wörter und Sätze. Der Mensch ist das einzige Säugetier, das dieses Wechselspiel gelernt hat, was ihn an die Spitze der Evolution katapultiert hat.
  Innerer Dialog A^i_d: „Denken ist das Gespräch der Seele mit sich selbst." (Aristoteles) Der Mensch ist ein Amphibium, das in einer Mischwelt von Außenwelt [VAKOG]^e und Innenwelt

[VAKOG][i] lebt, die von seinem inneren Dialog generiert wird. Wie oft ist man tief in Gedanken versunken? Und hier wird auch die überwiegende Mehrzahl unserer Emotionen ausgelöst, indem wir mit uns selbst sprechen. Das obengenannte Wechselspiel zwischen Sprache und primären Sinneserfahrungen findet fast ununterbrochen statt: Ankerketten, die in Form von Assoziationen unablässig ablaufen: „Cogito ergo sum!" Die Beobachtung unseres inneren Dialogs ist daher eine hervorragende Möglichkeit, in einen kausalen Zustand zu gelangen. Die NLP-Technik der Wahl ist dabei das vorliegende Format. Ich möchte noch erwähnen, dass in einigen spirituellen Lehren zwischen „denkendem Geist" und „arbeitendem Geist" unterschieden wird, wobei der arbeitende Geist der ist, der übrig bleibt, wenn der innere Dialog stoppt. Man nimmt dann die Realität „nicht symbolisch" wahr, also ohne die Modellbrille der Sprache, was dann mit „Erwachen" oder „Erleuchtung" bezeichnet wird.

Ein Fallbeispiel für das Ein-Neuen-Teil-Bauen-Format zur Entwicklung eines Beobachterteils, der die Funktion hat, den Geist und den inneren Dialog zu beobachten und damit zu einer Form des luziden Denkens zu gelangen, könnte so aussehen:
Ausgangslage:
Lukas, 35 Jahre alt, ist seit Jahren an Meditation und Achtsamkeit interessiert. Er hat oft von den Vorteilen gehört, seine Gedanken bewusst und distanziert zu beobachten, ohne sich mit ihnen zu identifizieren. Leider empfindet er es als frustrierend, dass er auch nach langer Zeit immer wieder in Gedankenströme hineingezogen wird, besonders in stressigen Momenten. Lukas hat zwar gelegentlich Erfolge beim Meditieren, doch er wünscht sich eine effektivere und

schnellere Methode, um den Zustand des „reinen Beobachtens" zu erreichen. Er möchte einen Beobachterteil entwickeln, der ihm hilft, Gedanken zu beobachten, ohne von ihnen beeinflusst zu werden.

Schritt 1: Klärung der Funktion des neuen Teils

Lukas beginnt, indem er sich fragt, was genau die Funktion des neuen Teils sein soll. In diesem Fall wünscht er sich einen Teil, der seine Gedanken klar und distanziert beobachtet, ohne sich von ihnen überwältigen zu lassen. Er nennt diesen Teil den „Beobachter". Der Beobachter soll also die Funktion haben, den inneren Dialog, die Emotionen und die Gedanken neutral wahrzunehmen, ohne in sie verstrickt zu werden. Der Zweck ist, eine Entkoppelung zwischen dem Denker und dem Beobachter zu schaffen, sodass Lukas zu einem Zustand des luziden Denkens gelangen kann, ähnlich wie beim luziden Träumen.

Schritt 2: Zugang zu früheren Erlebnissen schaffen

Nun erinnert sich Lukas an Momente in seinem Leben, in denen er bereits diese Fähigkeit zumindest ansatzweise genutzt hat. Er denkt an Situationen, in denen er in stressigen Momenten einen Schritt zurücktreten konnte und seine Emotionen oder Gedanken objektiv betrachtete. Ein Beispiel ist eine schwierige Situation bei der Arbeit, in der er sich bewusst zurückgenommen und den Konflikt analysiert hat, ohne impulsiv zu reagieren. Oder ein Spaziergang in der Natur, bei dem er einmal die Stille und Klarheit des Moments so intensiv erlebt hat, dass er seine Gedanken wie Wolken wahrnahm, die am Himmel vorbeizogen.

Lukas erinnert sich an diese Situationen und durchlebt sie in allen Sinnesrepräsentationen:

• Visuell: Er sieht sich selbst in diesen Momenten, vielleicht in einem Raum bei der Arbeit oder draußen in der Natur.
• Auditiv: Er erinnert sich an die Geräusche im Hintergrund – die Vögel, das Tippen auf der Tastatur oder leise Stimmen im Büro.

• Kinästhetisch: Er erinnert sich daran, wie es sich angefühlt hat, diese emotionale Distanz zu seinen Gedanken zu spüren. Ein Gefühl von Ruhe, Klarheit und Kontrolle.

Schritt 3: Ein detailliertes Set von Bildern erstellen

Jetzt stellt sich Lukas eine Zukunft vor, in der der „Beobachter" vollständig integriert ist. Er visualisiert sich in verschiedenen alltäglichen Situationen, in denen er den Beobachter einsetzt:

• Er sieht sich in einem stressigen Meeting, in dem er ruhig bleibt, den inneren Dialog bewusst wahrnimmt und ihn beobachtet, anstatt in die Gedankenflut hineingezogen zu werden.

• Er sieht sich beim Meditieren, wo er alle aufkommenden Gedanken wie vorbeiziehende Wolken betrachtet, ohne an ihnen festzuhalten.

• Er sieht sich im Gespräch mit einer schwierigen Person, wo er in Echtzeit seine Gedanken und Gefühle beobachtet, ohne automatisch zu reagieren.

In diesen Bildern sieht Lukas sich von außen. Er sieht einen dissoziierten Film, in dem er völlig ruhig und gelassen bleibt, während die Gedanken vorbeiziehen, ohne dass er in sie verwickelt wird.

Schritt 4: Die Sequenz durchleben und anpassen

Lukas geht nun tiefer in die Visualisierung hinein. Er stellt sich vor, dass er mitten in einer Situation ist, die normalerweise herausfordernd für ihn wäre – beispielsweise ein stressiger Tag bei der Arbeit. Er stellt sich vor, wie er durch die Augen des „Beobachters" die Gedanken wahrnimmt, die in seinem Kopf entstehen. Er fühlt, wie sich das anfühlt: ein tiefes Gefühl von Distanz und Klarheit.

Wenn Lukas dabei Unzufriedenheit oder Unstimmigkeiten spürt, stellt er sich die Situation erneut vor und passt sie an. Vielleicht fügt er mehr Gelassenheit hinzu oder verändert den inneren Dialog, sodass er weniger reaktiv und wertend ist. Er durchläuft diese Sequenz so oft, bis er völlig zufrieden ist und sowohl die dissoziierte als auch die assoziierte Version der Situation im Einklang stehen.

Schritt 5: Delegierung an das Unterbewusstsein

Nachdem Lukas sich sicher ist, dass er die Sequenz genau so gestaltet hat, wie er es sich wünscht, delegiert er die Aufgabe an sein Unterbewusstsein. Er schließt die Augen, geht in einen entspannten Zustand und sagt sich selbst: „Ab jetzt übernehme ich die Rolle des Beobachters. Mein Unterbewusstsein wird diesen neuen Teil erschaffen, und der Beobachter wird in allen Situationen, in denen er gebraucht wird, zur Verfügung stehen."

Er gibt seinem Unterbewusstsein die Erlaubnis, diesen neuen Teil zu integrieren und ihn in seinen Alltag einfließen zu lassen. Dabei vertraut er darauf, dass das Unterbewusstsein diese Aufgabe ausführen wird.

Schritt 6: Prüfung und Übung

In den folgenden Tagen und Wochen prüft Lukas regelmäßig, ob der Beobachterteil aktiv ist. Wenn er in herausfordernde Situationen gerät – zum Beispiel in ein schwieriges Gespräch oder eine stressige Arbeitssituation – erinnert er sich an seinen Beobachterteil. Er übt bewusst, in diesen Momenten die Gedanken zu beobachten, ohne sich mit ihnen zu identifizieren.

Durch regelmäßige Wiederholungen wird der Beobachter immer präsenter und stabiler. Er stellt fest, dass er sich weniger in Gedankenströme verstrickt und eine neue innere Gelassenheit entwickelt hat.

Ergebnis

Nach einigen Wochen bemerkt Lukas deutliche Veränderungen. Er kann seine Gedanken und Gefühle immer besser beobachten, ohne von ihnen mitgerissen zu werden. Es fällt ihm leichter, präsent zu bleiben und sich nicht in automatischen Denkmustern zu verlieren. Sein Ziel, luzides Denken zu erreichen – das heißt, die Fähigkeit, den inneren Dialog klar und distanziert zu beobachten – wird zunehmend Realität.

Mit der Zeit wird der Beobachter ein stabiler Teil seines Alltags, der es ihm ermöglicht, gedankliche Entkoppelung zu praktizieren und eine tiefere Selbstbewusstheit zu erlangen, ähnlich wie es in vielen spirituellen Traditionen angestrebt wird.

Format57: Aktivierung einer Strategie zum Umgang mit Ängsten vor unmittelbar auftretenden Ereignissen

1. **Auspacken der (-)-Strategie:**

   Als Beispiel betrachten wir hier eine Frau, die Angst vor Ballons hat:

   $$V^e \rightarrow V^{er} \Leftrightarrow K_- \rightarrow K^e$$

   1.   2.   3.   4.

   1.   Sehen eines Ballons

2. Unbewusstes Bild von einer Szene ausgelöst, die sich in ihrer Kindheit ereignet hatte: Auf einer Geburtstagsparty war ein Ballon vor ihrem Gesicht geplatzt.
3. Panik
4. Flucht

2. **Design der (+)-Strategie:**
$V^e \Leftrightarrow A^i_d \Leftrightarrow K^i, e$
   1.   2.   3.
   1. Sehen eines Ballons
   2. „Schau hin, ob er platzen wird!"
   3. Ja: Sicherer Abstand/Nein: Entspannen/?: Einen Schritt zurück

3. **Installation der (+)-Strategie:**
Das innere Bild wird durch die klare innere Anweisung ersetzt im Außen zu bleiben! (Verankerung und Übung).

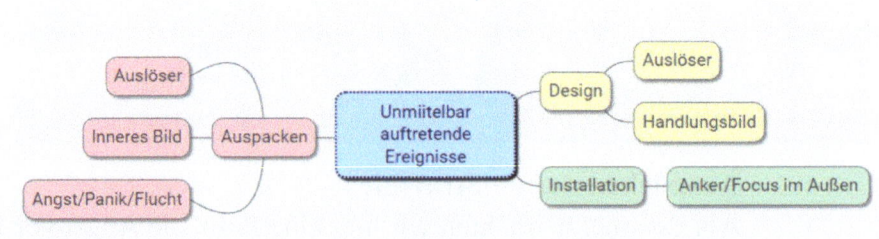

• **Fallbeispiel**

Eine Frau hat Angst vor Ballons. Diese Angst geht auf ein trauma-tisches Erlebnis in ihrer Kindheit zurück, als bei einer Geburtstagsparty ein Ballon direkt vor ihrem Gesicht platzte. Damals brach sie in Panik aus und flüchtete. Seitdem hat sie bei jedem Anblick eines Ballons die unbewusste Erwartung, dass er wieder platzen könnte, was ihre Angst auslöst Das Ziel ist es, die Angstreaktion durch eine bewusste, kontrollierte Reaktion zu ersetzen. Anstatt sofort in Panik zu verfallen, soll die Frau lernen, die Situation rational zu bewerten und ihre Reaktionen bewusst zu steuern.

- Wenn die Frau einen Ballon sieht, merkt sie, wie die Angst in ihr aufsteigt. An diesem Punkt ist es wichtig, dass sie sich ihrer Angst bewusst wird und erkennt, dass sie eine alte, unbewusste Reaktion auf ein vergangenes Ereignis ist.

- Anstatt sich sofort in die Panik hineinzusteigern, führt sie einen inneren Dialog. Sie sagt sich: „Ich sehe einen Ballon. Wird er platzen?"

- Diese Frage zwingt sie, das unbewusste Bild (den Ballon, der in ihrer Kindheit geplatzt ist) durch eine aktuelle, bewusste Wahrnehmung zu ersetzen.

- Sie überprüft die Situation bewusst: Gibt es Anzeichen dafür, dass der Ballon gleich platzen könnte? Zum Beispiel, wenn ein Kind mit ihm spielt oder ihn aufpumpt?

- Wenn die Antwort „Ja" lautet, kann sie sich entscheiden, einen sicheren Abstand zum Ballon zu halten. Dies ist eine vernünftige, selbstbewusste Entscheidung, die ihr Sicherheit gibt.

- Wenn die Antwort „Nein" lautet, erinnert sie sich daran, dass es keinen Grund zur Panik gibt. Sie gibt sich selbst die Anweisung: „Entspann dich."

- Parallel dazu sollte sie ihre körperliche Reaktion kontrollieren. Wenn sie merkt, dass ihre Muskeln sich anspannen, atmet sie bewusst tief durch, entspannt ihre Schultern und lässt die Anspannung los.

- Nachdem sie den Ballon bewusst beobachtet hat und ihre

Entscheidung getroffen hat (sicherer Abstand oder Entspannung), macht sie einen Schritt zurück. Dies gibt ihr noch mehr Distanz zum unbewussten Bild und hilft, die Kontrolle über die Situation zu behalten.

- Nun überprüft sie die Situation erneut: Ist der Ballon immer noch in der Nähe? Hat sich die Situation verändert? Dieser erneute Check-in dient dazu, ihre Wahrnehmung weiter zu schärfen und ihre Angst zu relativieren.

- Diese Schritte werden wiederholt geübt. Jedes Mal, wenn sie einem Ballon begegnet, durchläuft sie diesen Prozess. Je häufiger sie das tut, desto mehr verankert sich das neue, bewusste Verhalten in ihrem Gehirn.

- Zusätzlich kann sie eine positive Verankerung einbauen. Zum Beispiel könnte sie sich ein bestimmtes Wort oder eine Geste ausdenken, die sie jedes Mal benutzt, wenn sie sich beruhigt hat. Diese Verankerung kann sie später nutzen, um sich auch in anderen Situationen schneller zu beruhigen.

- Übung ist entscheidend. Durch wiederholtes Durchlaufen dieses Prozesses wird die alte, angstgetriebene Reaktion allmählich durch das neue, bewusste Verhalten ersetzt. Schließlich wird sie in der Lage sein, Ballons ohne Angst zu begegnen.

Format58: Aktivierung einer Strategie zur Entmachtung kritischer Stimmen

1. **Auspacken der (-)-Strategie:**
   Unliebsame kritische Stimmen äußern sich meist in Form der folgenden Strategie:
   $$V^e \rightarrow A^i_d \Leftrightarrow V^k \Leftrightarrow K_- \rightarrow K^e$$
   1.   2.   3.   4.   5.

1. Problem sehen
2. „Das wird sowieso nichts!..."
3. Konstruktion entsprechend negativer Bilder
4. Frust
5. Schwache Performance

2. **Design der (+)-Strategie:**
$V^e \rightarrow A^i_d \Leftrightarrow V^k \Leftrightarrow K_- \rightarrow K^e$

1.   2.   3.   4.   5.

1. Problem sehen
2. Submodalitäten der Stimme so verändern, dass sie ihre Macht verliert: Ort (z.B. rechte große Zehe, Höhe, Lautstärke, Klangqualität, Donald Duck, mit Geräuschen oder Musik untermalen u. a., so dass 3. -5. sich entsprechend positiv verändern.

3. **Installation der (+)-Strategie:**
Durchlaufe die Strategie mit den neuen Submodalitäten in 2.

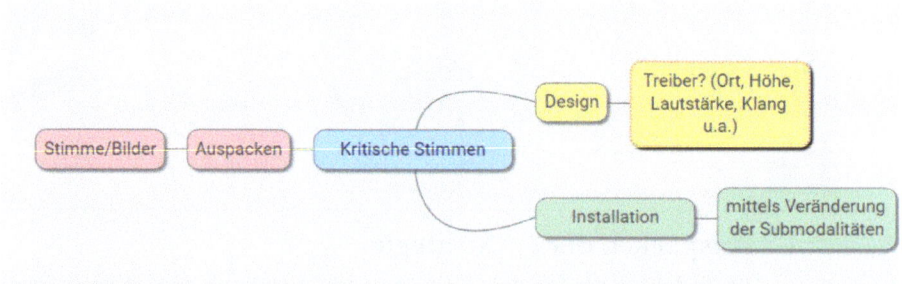

Fallbeispiel

Da bei mir V das Leitsytem ist, überlappe ich meistens sofort zu den durch die kritische Stimme ausgelösten inneren Bilder und ändere dort die visuellen Submodalitäten. Hier aber ein Fallbeispiel im auditiven System:

Anna ist eine junge Frau, die oft mit Selbstzweifeln zu kämpfen hat. Jedes Mal, wenn sie sich einer neuen Herausforderung stellt, wie z.B. eine Präsentation bei der Arbeit vorzubereiten, wird sie von einer kritischen inneren Stimme heimgesucht. Diese Stimme sagt Dinge wie „Das wird sowieso nichts", „Du bist nicht gut genug" oder „Du wirst versagen". Wenn diese Stimme auftritt, sieht Anna vor ihrem inneren Auge oft ein Bild von sich selbst, wie sie auf der Bühne vor den Kollegen steht und dabei scheitert, was dazu führt, dass sie sich frustriert fühlt und tatsächlich eine schlechtere Performance zeigt.
Das Ziel ist es, die Macht dieser kritischen Stimme zu reduzieren und das negative Bild, das sie hervorruft, zu verändern. Durch die gezielte Veränderung der Submodalitäten (die Feinheiten der Wahrnehmung) der Stimme soll Anna lernen, ihre innere Kritikerin zu entmachten und durch positivere, unterstützende Gedanken zu ersetzen.
   - Anna bereitet sich auf ihre Präsentation vor, und wie erwartet, tritt die kritische innere Stimme auf: „Das wird sowieso nichts." Anstatt sofort in den Frust zu verfallen, hält sie inne und erkennt, dass diese Stimme der Auslöser für ihre negativen Gefühle ist.
   - Anna nimmt sich einen Moment, um die Eigenschaften dieser inneren Stimme zu analysieren:
   Wo scheint die Stimme herzukommen? Aus ihrem Kopf, von ihrer linken Seite, direkt vor ihr?
   - Ist die Stimme hoch, tief, schrill oder dumpf?
   - Ist die Stimme laut oder eher leise?

- Klingt die Stimme klar, rau, bedrohlich?

- Sie erkennt zum Beispiel, dass die Stimme direkt vor ihr zu kommen scheint, in einem strengen, tiefen Ton, der ihr sehr präsent und bedrohlich vorkommt.

- Anna beginnt, die Submodalitäten dieser Stimme systematisch zu verändern:

- Sie stellt sich vor, dass die Stimme weiter weg, vielleicht von der anderen Seite des Raumes, zu ihr spricht.

- Sie verändert die Tonhöhe der Stimme, bis sie so hoch und piepsig ist, dass sie eher lächerlich als bedrohlich klingt.

- Sie dreht die Lautstärke der Stimme herunter, bis sie nur noch ein kaum wahrnehmbares Flüstern ist.

- Schließlich verändert sie die Klangqualität, indem sie sich vorstellt, dass die Stimme jetzt wie Donald Duck klingt oder von einer amüsanten Musik, wie einer Zirkusmelodie, begleitet wird.

- Nachdem sie die Stimme verändert hat, achtet Anna darauf, was mit dem negativen inneren Bild passiert. Sie bemerkt, dass das Bild, das sie ursprünglich von sich selbst auf der Bühne hatte, nicht mehr so klar und beängstigend ist. Stattdessen wird es unscharf, vielleicht sogar komisch. Sie sieht sich nun, wie sie mit einem Lächeln auf der Bühne steht, die Situation mit Humor nimmt und das Publikum lacht, weil sie selbstbewusst und souverän wirkt.

- Anna nutzt diese Gelegenheit, um die Situation neu zu rahmen. Sie lässt eine neue, positivere innere Stimme zu Wort kommen, die in einem unterstützenden, warmen Ton zu ihr spricht: „Du schaffst das", „Du hast alles, was du brauchst, um erfolgreich zu sein". Diese Stimme platziert sie in einer angenehmen Nähe zu ihr, mit einer beruhigenden und ermutigenden Klangqualität.

- Anna wiederholt diesen Prozess jedes Mal, wenn die kritische Stimme auftaucht. Mit der Zeit wird die lächerlich klingende Version der Stimme und das neue, positive Bild in ihrem Geist verankert, wodurch die Macht der ursprünglichen kritischen Stimme weiter abnimmt.

- Zusätzlich verankert sie das neue Verhalten mit einem körperlichen Anker. Jedes Mal, wenn sie die kritische Stimme umwandelt, kneift sie sanft ihren Daumen und Zeigefinger zusammen. Dadurch wird die neue Reaktion nach und nach zur Gewohnheit.

Format59: Aktivierung einer Strategie zum Umgang mit aggressiven Gesprächspartnern

1. **Auspacken der (-)-Strategie:**

   Meistens liegen hier negative in der Kindheit erlernte Synästhesie Muster zugrunde.

   Als Beispiel betrachten wir die folgende Strategie:

   $$A^e_{dt} \rightarrow A^{er}_t \Leftrightarrow V^{er} \Leftrightarrow K_- \rightarrow K^e$$

   1. 2. 3. 4. 5.

1. Hören der Stimme des Gesprächspartners mit ansteigendem Tonfall
2. Erinnerter Klang der Stimme des Vaters, die der des Gesprächspartners gleicht
3. Bild des Vaters, der mit wütendem Gesichtsausdruck zuschlug
4. Furcht/Hoffnungslosigkeit
5. Flucht

2. **Design der (+)-Strategie:**

$$A^e_{dt} \rightarrow A^{er}_t \rightarrow V^e/V^{er} \Leftrightarrow K_{+-} \quad + \rightarrow K^e$$
$$- \rightarrow A^e_d$$

1.   2.   3.   4.   5.

1. Hören der Stimme des Gesprächspartners
2. Erinnerter Klang der Stimme des Vaters
3. Vergleich der Gesichtsausdrücke
4. Entscheidungspunkt
5. + Gesprächsabbruch, – (nicht gleich/fast immer der Fall) bittet, leiser zu sprechen

3. **Installation der (+)-Strategie:**
Das innere Bild wird durch den Vergleich ersetzt. (Wahrnehmen was ist/Übung/Anker)

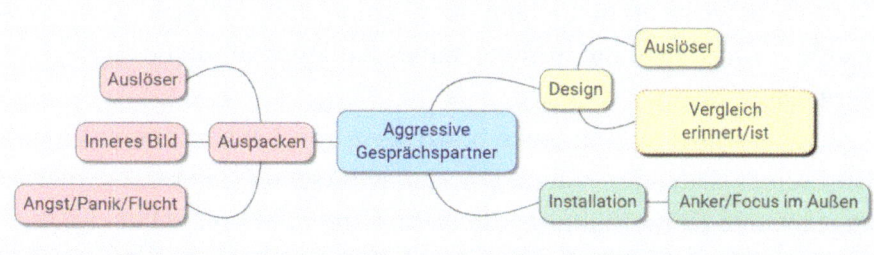

Fallbeispiel

Thomas ist ein junger Mann, der oft Schwierigkeiten hat, mit aggressiven Gesprächspartnern umzugehen. Wenn jemand in einem Streit laut wird oder einen aggressiven Tonfall anschlägt, fühlt sich Thomas schnell eingeschüchtert und gerät in eine Abwehrhaltung. Diese Reaktion ist auf ein Erlebnis in seiner Kindheit zurückzuführen: Sein Vater wurde oft wütend und laut, und wenn er das tat, endete es manchmal damit, dass Thomas geschlagen wurde. Diese Erfahrungen haben bei Thomas eine tiefe Verknüpfung zwischen lauten, aggressiven Stimmen und Gefühlen von Furcht, Hilflosigkeit und dem Wunsch zu fliehen geschaffen.

Das Ziel ist es, Thomas zu helfen, diese alte, automatisierte Reaktion zu durchbrechen und durch eine neue, bewusstere Strategie zu ersetzen. Statt in Angst und Flucht zu verfallen, soll er lernen, die aktuelle Situation mit der Vergangenheit zu vergleichen und angemessen zu reagieren, indem er ruhig bleibt und das Gespräch konstruktiv lenkt.

 - Thomas befindet sich in einem Gespräch mit einem Kollegen, der wegen eines Arbeitsprojekts frustriert ist und anfängt, laut und aggressiv zu sprechen. Thomas merkt, wie seine alte Reaktion einsetzt: Sein Herz beginnt schneller zu schlagen, und er fühlt sich, als ob er am liebsten aus dem Raum rennen würde.

- Anstatt sich sofort von diesen Gefühlen überwältigen zu lassen, erinnert sich Thomas bewusst an den Klang der Stimme seines Vaters, wenn dieser wütend wurde. Er hört, wie die Stimme seines Kollegen ähnliche aggressive Untertöne aufweist.

- Jetzt bringt er sich in einen bewussten Vergleichszustand: Er stellt sich das Bild seines wütenden Vaters vor, den wütenden Gesichtsausdruck und die angespannte Körperhaltung, die er als Kind erlebt hat. Dann blickt er bewusst auf den aktuellen Gesichtsausdruck seines Kollegen und dessen Körpersprache.

- Thomas vergleicht nun die beiden Gesichtsausdrücke: den seines Vaters in der Erinnerung und den seines Kollegen in der Gegenwart. Er stellt fest, dass der Kollege zwar laut spricht und wütend wirkt, aber der Gesichtsausdruck ganz anders ist als der seines Vaters. Der Kollege wirkt eher gestresst und frustriert, aber nicht bedrohlich.

- An diesem Punkt kommt Thomas zu seinem Entscheidungspunkt:

- Wenn die Gesichtsausdrücke identisch wären: In einem hypothetischen Fall, in dem der Kollege denselben bedrohlichen Ausdruck wie sein Vater hätte, könnte Thomas das Gespräch abbrechen, um sich selbst zu schützen.

- Wenn die Gesichtsausdrücke nicht übereinstimmen: Da der Gesichtsausdruck des Kollegen jedoch anders ist, erkennt Thomas, dass er sich in einer anderen, weniger bedrohlichen Situation befindet.

- Thomas entscheidet sich, ruhig und sachlich zu bleiben. Er spricht seinen Kollegen freundlich, aber bestimmt an: „Es scheint, als ob du sehr frustriert bist. Könntest du bitte etwas leiser sprechen, damit wir das Problem besser lösen können?"

- Durch diese Intervention leitet Thomas das Gespräch in eine ruhigere und produktivere Richtung, ohne dass er in seine alte Angstreaktion verfällt.

- Nachdem das Gespräch vorbei ist, reflektiert Thomas, wie er die Situation gehandhabt hat. Er wiederholt diesen Prozess in seinem Geist, um die neue Reaktion zu verankern.

- Um die neue Strategie weiter zu festigen, verankert er diese positive Erfahrung mit einem Anker. Er könnte zum Beispiel einen bestimmten Atemzug als Anker setzen, bei dem er tief einatmet, wenn er sich ruhig und selbstbewusst fühlt. Dies hilft ihm, die neue Strategie in zukünftigen Situationen schneller und effektiver abzurufen.

- Thomas übt diese neue Strategie regelmäßig in Alltagssituationen, um sicherzustellen, dass sie zur automatischen Reaktion wird. Je öfter er sie anwendet, desto stärker wird der neue, konstruktive Umgang mit aggressiven Gesprächspartnern verankert.

Format60: Aktivierung einer effizienten Lernstrategie

1. **Auspacken der (-)-Strategie:**
   Eine Lernblockade hat in den meisten Fällen die folgende Gestalt:
   $[VAKOG]^{er} \Leftrightarrow K_-$
   1.   2.
      1. Quintupel repräsentiert eine negative Lernerfahrung
      2. Angst vor Lernen/Test

2. **Design der (+)-Strategie:**
   $V^e \Leftrightarrow A^i_d \Leftrightarrow K\pm$
   1.   2.   3.

1. Klar sehen des Lerninhaltes (Referenzerfahrung ankern: Anker1)
2. Klare Beschreibung im inneren Dialog (Anker2)
3. „Ausfühlen" der Problematik (Anker3)

3. **Installation der (+)-Strategie:**
Durch Verankerung und Übung

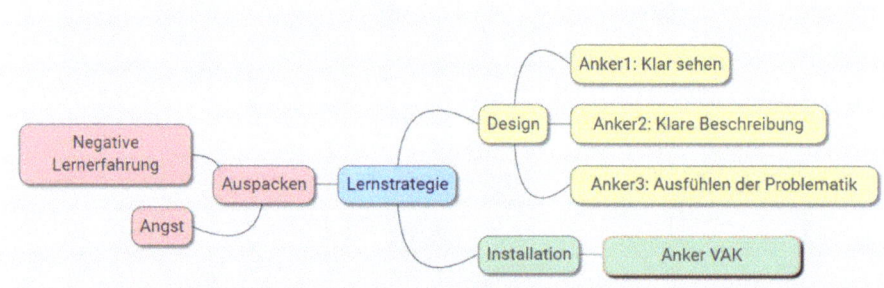

- **Fallbeispiel**
Lisa ist eine Schülerin, die große Schwierigkeiten hat, Mathematik zu lernen. Jedes Mal, wenn sie versucht, mathematische Aufgaben zu lösen, fühlt sie sich überwältigt und blockiert. Diese Lernblockade ist auf eine negative Lernerfahrung in ihrer Kindheit zurückzuführen: Als sie in der Grundschule war, wurde sie von einem Lehrer vor der Klasse bloßgestellt, weil sie eine einfache Aufgabe nicht lösen konnte. Seitdem hat Lisa eine starke Angst vor Mathematik entwickelt, und ihr Selbstvertrauen ist stark beeinträchtigt.

Das Ziel ist es, Lisa zu helfen, ihre Lernblockade zu überwinden, indem sie drei Anker setzt, die ihr helfen, den Lerninhalt klar zu sehen, ihre Gedanken dazu positiv zu strukturieren und schließlich die Problematik emotional zu verarbeiten.

- Lisa soll in der Lage sein, den mathematischen Lerninhalt klar und ohne emotionale Blockaden zu sehen.

- Zunächst erinnert sich Lisa an eine Situation, in der sie erfolgreich etwas gelernt hat, z.B. als sie das Fahrradfahren lernte. In dieser Situation war sie konzentriert, ruhig und sicher.

- Während sie diese positive Erfahrung in ihrem Geist noch einmal durchlebt, drückt Lisa Daumen und Zeigefinger ihrer rechten Hand zusammen. Dieser physische Anker wird nun mit dem Gefühl von Klarheit und Erfolg verbunden.

- Jedes Mal, wenn Lisa nun mit einer Mathematikaufgabe konfrontiert wird, aktiviert sie diesen Anker, indem sie Daumen und Zeigefinger zusammendrückt. Sofort stellt sie sich vor, wie sie die Aufgabe klar vor sich sieht, so wie damals beim erfolgreichen Lernen des Fahrradfahrens. Der Anker hilft ihr, die negativen Emotionen beiseite zu schieben und sich voll auf den Lerninhalt zu konzentrieren.

Zweiter Anker: Klarer innerer Dialog

-Lisa soll in der Lage sein, ihre Gedanken während des Lernens positiv und klar zu formulieren, anstatt in negativen Selbstgesprächen zu verharren.

- Lisa erinnert sich an eine Situation, in der sie sich selbst motivierend und unterstützend zugeredet hat, vielleicht während eines schwierigen Laufs im Sportunterricht, bei dem sie sich durch positive Selbstgespräche zum Durchhalten motivierte.

- Während sie sich an diese Situation erinnert, berührt sie sanft ihre linke Schulter. Dieser Anker wird mit dem Gefühl eines klaren und motivierenden inneren Dialogs verknüpft.

- Wenn Lisa eine schwierige Mathematikaufgabe angeht, aktiviert sie diesen Anker, indem sie ihre linke Schulter berührt. Sofort beginnt sie, sich selbst ruhig und positiv zuzusprechen: „Ich kann das schaffen, ich muss es nur Schritt für Schritt angehen." Dieser Anker unterbricht jegliche negativen Gedankenmuster und hilft ihr, fokussiert und positiv zu bleiben.

Dritter Anker: Problematik emotional ausfühlen

-Lisa soll lernen, ihre negativen Emotionen in Bezug auf Mathematik zuzulassen und zu verarbeiten, ohne sich von ihnen überwältigen zu lassen.

- Lisa erinnert sich an eine Situation, in der sie eine emotionale Herausforderung gemeistert hat, z.B. als sie einmal traurig war und sich dann durch das Zulassen und Ausdrücken ihrer Gefühle besser gefühlt hat.

- Während sie sich an diese Erfahrung erinnert, legt sie ihre Hand auf ihr Herz. Dieser Anker wird mit dem Gefühl verknüpft, dass es in Ordnung ist, Emotionen zu spüren und sie zu verarbeiten.

- Wenn Lisa merkt, dass die Angst vor Mathematik oder Frustration aufkommt, legt sie ihre Hand auf ihr Herz. Sie erlaubt sich, diese Gefühle kurz zuzulassen und wahrzunehmen, ohne in Panik zu geraten. Dieser Anker hilft ihr, die Emotionen zu verarbeiten und dann loszulassen, sodass sie sich wieder auf das Lernen konzentrieren kann.

Lisa beginnt nun, diese drei Anker systematisch in ihren Lernprozess zu integrieren:

- Bevor sie mit Mathematik beginnt, aktiviert sie den Anker für Klarheit (Daumen und Zeigefinger zusammendrücken), um den Lerninhalt klar und ohne negative Emotionen zu sehen.

- Während sie an der Aufgabe arbeitet, aktiviert sie den Anker für einen positiven inneren Dialog (linke Schulter berühren), um sich selbst zu ermutigen und fokussiert zu bleiben.

- Wenn sie spürt, dass alte Ängste oder Frustrationen aufkommen, aktiviert sie den Anker für emotionale Verarbeitung (Hand auf das Herz), um die Gefühle zuzulassen, zu verarbeiten und dann loszulassen.

Anhang1:Nomenklatur

Nomenklatur

- (V A K O G):=(Sehen, Hören, Fühlen, Riechen, Schmecken)
- (e,i,er,k):=(extern, intern, erinnert, konstruiert)
- (d,t):=(digital, tonal)
- A^i_d:=innerer Dialog
- K_+:=positive Emotion; K_-:=negative Emotion
- ($\rightarrow$, $\Leftrightarrow$, /):=(Konsekution, Zyklus,Synästhesie)

- Submodalitäten von V:=Helligkeit, SW/Farbe, Entfernung, Größe, Ort, Focus, Kontrast, 3D, Film, Anzahl Bilder, Transparenz, assoziiert/dissoziiert, Rahmen, Form, Proportion etc.

- Submodalitäten von A:=Ort, Richtung, Lautstärke, Tonalität, Bewegung, Timbre, Rhythmus, Dauer, Tempo, Stimme etc.

- Submodalitäten von K:=Ort, Größe, Form, Intensität, Bewegung, Dauer,Hitze, Gewicht, Stetigkeit etc.

- Submodalitäten von O;=Intensität, Richtung, Ort, angenehm/unangenehm, kampferartig, moschusartig, blumig, faulig etc.

- Submodalitäten von G:=Intensität, süß, sauer, salzig, bitter, würzig, scharf etc.

• Strategie:=Abfolge von Repräsentationen mit Primärkontrolle

• (-)-Strategie:=schlechte/ineffiziente Strategie

• (+)-Strategie:=gute/effiziente Strategie

• Format:=

1. Auspacken der (-)-Strategie

2. Design der (+)-Strategie

3. Installation der (+)-Strategie

Anhang2: Schlagworte

1. Rechtschreibung
2. Entscheidung
3. Angstbewältigung
4. Motivation
5. Angewohnheiten
6. Kommunikation
7. Esstrategie
8. Unangenehme Erlebnisse
9. Kritik
10. Schuldgefühle
11. Lampenfieber
12. Zielerreichung
13. Heilung
14. Trauer
15. Interferenz

16. Zeitmanagement
17. Konfliktlösung
18. Beziehung
19. Unerwünschte Persönlichkeitsanteile
20. Selbstbehauptung
21. Schamgefühle
22. Allergien
23. Zwänge
24. Einschränkende Glaubenssätze
25. Bereinigung Vergangenheit
26. Depressionen
27. Flexibilität

Literatur

1. Mit Herz und Verstand-NLP für alle Fälle
   Connirae und Steve Andreas
2. Gewußt wie-Arbeit mit Submodalitäten und weiteren NLP-Interventionen nach Maß/ Steve und Connirae Andreas
3. Der Weg zur inneren Quelle- Core Transformationen in der Praxis. Neue Dimensionen im NLP / Connirae und Tamara Andreas
4. Bitte verändern Sie sich...jetzt! Transkripte meisterhafter NLP-Sitzungen
   Richard Bandler
5. Unbändige Motivation-Angewandte Neurodynamik. Über NLP, schnelle Veränderung und vieles mehr / Richard Bandler
6. Reframing -Ein ökologischer Ansatz in der Psychotherapie (NLP)
   Richard Bandler und John Grinder
7. Neue Wege der Kurzzeit-Therapie - Frogs into Princes
   Richard Bandler und John Grinder
8. Strukturen subjektiver Erfahrung- Ihre Erforschung und Veränderung durch NLP Robert Dilts, Richard Bandler und John Grinder
9. Der erleuchtete Bio-Computer – NLP-Betriebshandbuch Basis
   Gerhard Fries, Roland Gruber, Jürgen Leistikow, Dietrich Buchner, Wolf Lasko
10. Time Coaching-Programmieren Sie Ihre Zukunft...jetzt!
    Tad James
11. NLP-Modelle-Fluff & Facts
    Martina Schmidt-Tanger und Jörn Kreische
12. Triffst du `nen Frosch unterwegs – NLP für die Praxis
    Thies Stahl